# 这样教孩子，
## 将来他会感谢你

让你的孩子出类拔萃的55个教养方式

[日] 金武贵　[日] 南瓜夫人 / 著

朱悦玮 / 译

北京时代华文书局

图书在版编目（CIP）数据

这样教孩子，将来他会感谢你：让你的孩子出类拔萃的 55 个教养方式 ／（日）金武贵，
（日）南瓜夫人著；朱悦玮译. -- 北京：北京时代华文书局，2017.1
ISBN 978-7-5699-1379-8

Ⅰ. ①这… Ⅱ. ①金… ②南… ③朱… Ⅲ. ①儿童教育－家庭教育 Ⅳ. ① G78

中国版本图书馆 CIP 数据核字（2017）第 037559 号

北京市版权局著作权合同登记号 图字：01-2016-9140

ICHIRYU NO SODATEKATA
By Moogwi Kim, Mrs. Pumpkin
Copyright © 2016 Moogwi Kim, Mrs. Pumpkin
Chinese (in simplified character only) translation copyright © 2017 by Beijing
Times-Chinese Press All rights reserved.
Original Japanese language edition published by Diamond, Inc.
Chinese (in simplified character only) translation rights arranged with Diamond, Inc.
though BARDON-CHINESE MEDIA AGENCY.

## 这样教孩子，将来他会感谢你：让你的孩子出类拔萃的 55 个教养方式

ZHEYANG JIAO HAIZI JIANGLAI TA HUI GANXIE NI RANG NI DE HAIZI CHULEIBACUI DE 55 GE JIAOYANG FANGSHI

著　　者｜（日）金武贵　　〔日〕南瓜夫人
译　　者｜朱悦玮

出 版 人｜王训海
选题策划｜胡俊生
责任编辑｜周连杰
装帧设计｜孙丽莉　赵芝英
责任印制｜刘　银

出版发行｜北京时代华文书局 http://www.bjsdsj.com.cn
　　　　　北京市东城区安定门外大街 136 号皇城国际大厦 A 座 8 楼
　　　　　邮编：100011　电话：010-64267955　64267677
印　　刷｜三河市祥达印刷包装有限公司　0316-3656589
　　　　　（如发现印装质量问题，请与印刷厂联系调换）
开　　本｜710mm×1000mm　1/16　　印　张｜16.5　　字　数｜225 千字
版　　次｜2017 年 4 月第 1 版　　　　印　次｜2017 年 4 月第 1 次印刷
书　　号｜ISBN 978-7-5699-1379-8
定　　价｜38.00 元

## 成功育儿的"一流的培养方法"

· 为什么很多孩子"很聪明却没有成功"

· 为什么那个人"能够自己做决定"

· 越重大的决定越应该让孩子自己决定

· 过度保护与放任不管之间的平衡性很重要

· 不是成为不给别人添麻烦的人，而是要立志成为"有用的人"

· 要让孩子知道有时候除了自己以外的人全都"错了"

· 如何培养孩子的"天赋"

· 不开阔视野就"自由放任"的方法不可取

· 不要只在"半径100米"之内进行教育，让孩子拥有广阔的世界观

· 让孩子自主接受挑战、不能轻言放弃

· 如果孩子没有"坚强的意志"，花再多的教育费都是白费

· 理解对方，培养孩子与人相通的能力

· 将父母的价值观强加于孩子会降低孩子的沟通能力

· 不要斥责孩子，要让孩子认识到问题所在

· 所谓的教育就是让孩子意识到"学习的乐趣"、"喜欢什么、擅长什么"

· 为什么不可以对孩子说"去学习吧"

· 让孩子意识到"喜欢什么、擅长什么"才是最成功的教育

· 为什么通过"烤肉派对"上的举止可以预测孩子的未来

· 孩子需要的不只是"对他好"

· 应不应该跟孩子讲"与金钱相关的问题"

· 让孩子学会感恩——不忘"小小的感谢"

# 金武贵对本书的概述

## 培养"一流"所需的7大方针55条原则

**实现自我价值的人与单纯偏差值高的人的差别到底在哪里?**

迄今为止我接触过很多精英,他们出身于各个国家的一流大学,在国际性的研究生学院进修后到跨国企业工作。其中最耐人寻味的是,即使学历与智商同一水准的精英也分两种。一种是会自主判断,瞬间得以晋升并实现自我价值的精英,另一种则是永远处于被动地位,一万年也翻不了身的平庸员工。

**充满领导才能的一流商务人士与单纯偏差值高的"二流精英"的差别在哪里**

如果说他们的智商、就读的学校以及到公司后接受的训练都没有太大的差别,那么我认为差别应该归因于他们从幼儿期所处的教育环境以及各个家庭的教育。

**调查问卷的始末:这么优秀的学生,真想见见他的家长是什么样的**
**向一流的家庭教育学习,领导能力教育的本质**

　　在我研究"一流精英与二流精英的家庭教育的精髓"的时候，很幸运地有机会对日本具有代表性的年轻优秀人士们所受的家庭教育展开大规模的问卷调查。

　　由于我在"东洋经济在线"上连载"全球精英直击！"以及"将世界精英的工作方式整理成册"（东洋经济新闻社）的关系，很多想进跨国企业工作的求职生来找我征求建议。

　　他们不仅仅在一流大学读书，有些人在上学期间就开始创业，有些人率领NPO（非营利性组织）到发展中国家进行开发援助，有些人在大学的研究室取得了专利，他们在大学时代就发挥了自己罕见的领导才能。越听他们的谈话越觉得他们是那么优秀，甚至让我产生出"我更想得到你们的建议"的想法。

　　"这么优秀的学生，真想见见他的家长是什么样的"，想到这我马上展开了对他们从幼儿期起所接受的教育方针的调查。

　　本次问卷调查的对象超过200人，调查主要以东京大学、京都大学、早稻田大学以及庆应大学的佼佼者为中心展开，他们在学生时代就发挥了突出的领导才能并于毕业后进入各行各业的大企业工作。**在本次调查问卷中，他们对父母的家庭教育中值得感谢的地方以及希望改正的地方进行了自由的阐述。**

　　本书在接下来要介绍的大量的调查问卷中的每一个回答都对育儿有非常好的启发性，仔细阅读你将获得宝贵的经验。而且最让人惊讶的是在本质上这些内容同样适用于全体成年人，也可以说是"培养领导才能的本质内容"。

　　于是，我以幼儿期接受什么样的家庭教育才能培养出成年后的领导才能为焦点开始了本书的撰写工作。

**本书的特征：孩子的观点×父母的观点×培养国际性人才的观点**

**本书的第一特征是本书所依据的调查问卷具有极高水准，保证了文章的概**

括性以及重要性。

正如前文所述，本书是在对"精英学生的家庭教育方法"展开大规模的调查后才开始创作的。在正文中介绍的大学生们不仅仅是偏差值精英，更是积极主动、充满领导才能的学生，是未来商业领域的领导苗子。

我把他们在调查问卷中的自由回答进行了系统的分类，**将重要的内容概括性地总结为"7大方针55原则"**。我之所以重视广泛调查，是因为如果只介绍培养出优秀孩子的家庭的育儿法往往有很大局限，会使人误认为只有特定的家庭才能培养出优秀的孩子。

另外**本书只对非常重要的，大家关注的主题进行叙述**。在对日本最有代表性的精英学生进行调查的时候，我让他们回答"回顾你的家庭教育，你最感谢什么、最不满什么"，从而避免了重要的话题与不重要的话题混淆在一起导致良莠不分而产生无端的浪费。可以非常自豪地说，本书所做的调查问卷的原始数据也绝对是稀有的一流育儿参考资料。

**本书的第二个特征来源于笔者丰富的育儿经验，也就是不将普遍的方法强加于人而是阐述经过实践验证的种种育儿经验**。合著者南瓜夫人有总计160年的母亲经历（4个孩子的年龄总和），并且还帮忙照看过亲戚家的孩子，育儿经验极其丰富。

由于她丰富的育儿经验，在"东洋经济在线"上连载的育儿咨询专栏连续3年都大受欢迎。她在这3年中几乎每周都参与育儿咨询，并且迄今为止给亲戚、朋友、熟人等超过数百个家庭做出育儿建议，她比谁都清楚世上的家庭类型千差万别，孩子的类型也不尽相同。

她的4个孩子都出生于京都偏僻的乡村，现在大女儿在加拿大的大学当老师，二女儿是注册会计师在伦敦工作，二儿子是纽约州的律师，大儿子的我现在在海外金融机构发展。虽然生长在同一个家庭，但是每个孩子类型都非常不同。

大女儿天生就喜欢读书但是缺乏紧张感，整体风格比较文静。二女儿是天生的努力派，一丝不苟，追求完美主义，但是非常固执。大儿子的我基本上只做自己喜欢的事情，说得好听点儿叫自由主义，说得不好听点儿我就是个非常怕麻烦的人。最小的弟弟胸怀大志梦想成为冒险家，但从他对我极度反抗的态度来看，他是个任性又独断专行的人。

鉴于孩子的多样性，本书的目的并不是证明一种通用的育儿方法并且说服所有人去接受。虽然本书会讲述很多的优秀人士对父母的感谢点，也就是"出色的教育方针的最大公约数"，但真正想告诉大家的是要根据父母自身以及孩子的个性与家庭环境的不同而因材施教。

**本书的第三个特征，它不仅仅是一本育儿方面的书，在本质上它更是一本培养领导才能的书。**

在各章的开头部分，我会把我在各个跨国企业所见过的充满领导才能的一流精英的行动特征，与本书所要叙述的领导才能教育论有何关联，进行详细地讲解。

我从国际咨询公司、金融机构、跨国企业的精英以及创业家之中选出"实现了自我价值的一流领导们"，对他们进行了广泛地调查，在掌握了"在童年时期所接受的家庭教育方针中什么地方对自己的行动特征产生了影响"、"用什么样的方针对自己的孩子进行教育"之后，终于在我的脑海中形成了"一流的育儿方法"的一个轮廓。

从其内容中可以看出商业领导们所重视的培养人才的方法与本书所介绍的充满领导才能的大学生们的"养成方法"在本质上是相通的。

本书从三个不同的观点出发展开叙述，三个观点分别是：超过200人的精英学生的"家庭教育中孩子的观点"，有共计160年家长经验的南瓜夫人的"家长的观点"，以及在我广泛的国际经历中所感受到的"全球化商界精英的观点"。**这是一本为了实现自我价值的领导能力养成教科书。**

### 易懂并便于回忆的"家长的教科书"

本书在易懂、易学、易回忆方面也下足了工夫。本书不仅在目录以及开篇对全体内容进行了概述，在各章的开头部分也对该章进行了总结，各章的小标题均是要点。

在南瓜夫人所执笔的正文中，具有强调意义的前几行以及重要论点都用粗体加以强调。在阅读过论证各个话题的多种问卷调查结果以及南瓜夫人解释说明的丰富事例后，可以让人很鲜明地勾勒出具体的行动方法。

本书在各个章节的最后是将"各章的重点"以问答的形式总结起来的"家长力诊断测试"，不但可以随时对通过本书学到的知识进行自我诊断，还可以便于我们回忆各章所讲的内容。

本书不是读完一遍就完事的一次性读物，而是**不管阅读多少次都能从中吸取经验的"家长的教科书"**。

### 本书的目标：进入好大学、好公司之后……

本书目的并不是教人如何培养学习好的孩子，也不是教人如何考上好大学，更不是教人如何进入大企业拿高薪。本书所关注的重点是这之后的事情。

进入好大学和好公司只是一个开始，接下来的关键在于如何培养主体性与领导能力才能在未来实现自我价值。

多数家长的心愿都是"想让孩子过幸福的生活，而不是孩子聪不聪明和上什么大学"。

在这个世界上，有许多关于"聪明孩子的教育方法"、"让孩子考上东大、哈佛"之类的书，但却没有一本书在经过广泛的调查取证后从多个观点出发来讨论"**如何让孩子有能力开阔创造出对自己来说幸福的人生、如何培养孩子的领导能力**"。

能够与母亲共同执笔创作这本关于如何培养"独立开阔创造自己幸福人生的孩子"的书，让我感到非常的高兴。

从狭义上讲本书是教父母如何培养孩子创造属于自己的幸福人生的"育儿教科书"，但广义上来说本书适用于所有想自主创造自己幸福生活的人士。

那么想要发展孩子的领导能力、以及想要进一步提高自己的各位读者，让我们共同踏上这刺激的探索之路吧。

　　※在正文中各章开头部分的由金武贵执笔，其余部分由南瓜夫人执笔完成。另外，考虑到信息保密以及通俗易懂原则，本书对部分调查问卷做了适当的编辑。

# 目　录
## — CONTENTS —

## 第一章　最大限度地培养"主体性"
### 让孩子了解自己、培养孩子的自我决断力

**写在本章之前——金武贵**

### Ⅰ　让孩子自由做决定

1. **给孩子自由、让孩子自己探索**

2. **让孩子自己设定目标**

## 第二章 开阔"视野"、让孩子找到最适合自己的职业
### 增加选项，引导孩子进入擅长的领域

## 第三章　培养孩子坚持到底的"意志力"

### 让孩子敢于直面挑战，不轻言放弃

# 第四章 磨炼一流的"沟通能力"
## 能够取得他人信赖的沟通能力的本质

## Ⅲ　养成与人心灵相通的习惯

## 第五章　让孩子主动"学习"
### 放任和强迫都不如给孩子一个学习的"动机"

## Ⅰ　"养成习惯"

# 第六章 让孩子"学习书本以外的知识"
## 与考试的分数相比，"教养"才是一生的财富

写在本章之前——金武贵

## ❶ 培养孩子有自制力、爱心、教养

## ❷ 用家长的行为来正确引导孩子

**第六章的POINT** ▶

# 第七章 让孩子感受到 "不求回报的爱"
## 父母最重要的工作

# 前言

孩子感谢父母什么样的教育方针?

回顾我养育4个孩子的经历,在第一个孩子的时候毫无经验可谈,一路走来跌跌撞撞全靠摸索,现在回想起来真是充满了反省与懊悔。

不过到了第二个孩子的时候,因为有养育第一个孩子的经验,所以育儿一下子变得轻松了许多。在那个年代,大家都认为再养育孩子的时候只要参考之前得到的经验和教训就足够了。

但是现如今每家只有一个孩子,而且绝大部分家庭都是由父母和孩子组成的小家庭,周围根本没有合适的人可以商量育儿的问题。在时代瞬息变幻的今天,即使是数代同居的大家庭,上一辈人育儿的经验和教训也发挥不了作用。

书店里育儿方面的书很多,但这些书的背景,不是作者的家庭富裕,就是孩子本来便很优秀,其经验根本不适用于一般的读者家庭。

就在我心里想着如果有一本**可以让绝大多数的读者都可以做参考的"家长的教科书"**就好了的时候,正巧有个机会让我开始了本书的撰写工作。因此本书最看重的内容是"明确在育儿方面的优先顺序"。

为了撰写本书,我做了大量的家庭教育的问卷调查以及采访。调查问卷采取自由回答形式,**询问孩子对家长的教育方法中"最感谢"的部分是什么?** 学生们给出的回答有很多的共同点。

比如"让我自己做决定"、"让我开阔了眼界"、"培养我的交际能力"、"不强迫我学习"、"让我寻找自己喜欢什么"等等，多数的学生异口同声表示这些是"对父母深表感谢的最重要的教育方法"。在本书之中，会**将这些要点作为各章节的主题**。

回顾我自己的育儿经验，即使拥有同样的父母、在同样的环境中长大，但由于4个孩子的个性不尽相同，所以很多时候教育方法也不可一概而论。

**本书并不是想阐述育儿的普遍方法，而是"根据孩子的个性来因材施教的多样性育儿方法参考书"**，这是本书的另一个特征。在各个章节所提出的具体育儿方法中偶尔会同时介绍两个完全对立的教育方针。另外本书对所有调查问卷的回答不完全赞成也不完全推崇。

我的每个孩子个性差别都很大，同样的教育方法肯定是行不通的。由此我切身地体会到在育儿问题上没有简单的统一答案。

有的孩子适合自主放任，有的孩子则需要家长经常给他出主意，并偶尔加以控制。有的孩子很灵活、善于交际但是不够认真。还有的孩子非常认真，但是很固执。有的孩子即使被没收了游戏机又不许看电视，但是仍然不学习，可是如果表扬与强迫结合管教却会取得意想不到的效果。

每个孩子的个性不同，努力的动机也不相同，"不能用金钱鼓励孩子学习"、"用赞扬来让孩子得到成长"等一般观点仅供参考，决不可照搬照用。

事实上在本书所做的调查问卷中大家的意见也不尽相同。有人认为自主放任好，有人认为应该对孩子严厉管教甚至无微不至的关怀。有人认为什么事情都该让孩子试一试，有人认为只有孩子是真的想做某件事情的时候家长才给予支持。有人认为要尊重孩子的意愿，有人认为不可以让孩子轻易放弃学习。

各有利弊的教育方针到底哪个更实用呢？那就要取决于每个孩子的个性以及家庭环境。

有些育儿方式在很多成功案例里面都有提及，但不见得适用于全部家庭。**衷心希望各位读者能从本书介绍的多种"育儿成功方式"中选取一个最适合你孩子个性的教育方针。**

本书的第三个特征是无论对谁都适用的"亲近感"。本书没有复杂难懂的理论，书中登场人物都是我目前为止接触过的邻居大叔、亲戚大妈、儿子补习班的老师以及同学的家长等生活在我们身边的普通人。

我将他们的逸闻趣事穿插在各个主题中，希望各位读者能通过真人真事吸取到经验教训。正因为这些经验教训来源于我们身边的普通人，所以才能**对任何人都适用。**

我的孩子都不是天才，上面的两个女儿暂且不说，两个儿子简直是刀架在脖子上也不肯学习的淘气包。我相信一个**"普通的关西大妈"**是如何将**"放任自流绝对不行的孩子"**培养成人的经验绝对具有参考价值。

我在"东洋经济在线"上接受过很多家庭的育儿咨询，其中既有普通家庭的状况，也有家教严格的父母的想法，我可以深刻地体会到他们的辛苦与不易。

作为4个孩子的母亲，我在京都的乡村不断摸索育儿经验把他们养大成人，所以本书我也将从一个艰苦家庭的母亲的视角出发展开叙述。

如果正在抚养孩子的各位家长，马上要成为爸爸妈妈的各位，以及育儿相关人士，能够通过本书获得一些参考经验，那将是我最大的荣幸。

南瓜夫人

第一章

# 最大限度地培养"主体性"

让孩子了解自己、培养孩子的自我决断力

# 支持孩子自己做决定、培养自己的个性

写在本章之前——金武贵

"要拥有主体性！"

"主体性是最重要的！"

我父亲金士班（音译）先生在世的时候经常这样大声地斥责我们。

在育儿法的调查中，**想不到绝大多数人对最重要的育儿方针的回答都是"用自由放任来培养主体性"**，但是嘴上说着"用自由放任来培养主体性"，行动上却完全相反的家长则大有人在，比如我家就有一位。

金士班先生虽然嘴上常说"主体性很重要"，但是带我们去烤肉店的时候却从来也不让我们自己点餐，也不让我们插嘴他做的决定，堪称京都第一老顽固。

在我的升学和就业问题上父亲没有插嘴，但那仅仅是因为他把所有事情都交给了母亲的缘故。他从来也没有给过我具体的建议也没有给我提供选项，总之"最起码要当个像总统的那样的人物"，这就是父亲给我定的不着边际的目标。

很多家长都希望把孩子培养得有主体性，但事实上的教育方针却往往背道而驰，为了避免这类事情发生，**在开篇第一章我将就何谓主体性、如何培养主体性的问题展开讨论。**

在本次调查问卷中，受访者们对培养主体性的具体方法做了如下的回答：

### 让孩子自由做决定

❶　给孩子自由、让孩子自己探索

❷　让孩子自己设定目标

❸　尊重孩子对自己升学以及就业的选择

### 不过分帮助、但给予支援

❹　尊重孩子的自主性，但也要充分给予建议

❺　给出选项，但最终选择权交给孩子

❻　不对孩子过度保护

### 培养孩子做自己

❼　尊重孩子的个性

❽　告诉孩子"做对别人有帮助的人"比"不给别人
　　添麻烦的人"更有意义

❾　从"小事"来建立孩子的自信

自主性、主体性、决断力是构成领导才能不可或缺的资质。事实上**无论是跨国企业的面试还是公司年末考评，"有没有自主性""做事是否主动"都是重要的评价标准。**

一个在香港大学攻读教育学的朋友说，教育学在不久之前将"有没有主体性"认定为决定职业生涯成功与否的重要因素。

确实我所见过的一流精英们不断制定工作目标计划来主动推进工作进展，

而二流精英总是被动地接受上级的工作安排，既不会开发新业务，也不能为公司创造更多效益，所以永远也无法得到晋升。

**一流人才不随波逐流，他们凭借自己坚定的标准能做出准确的判断，完全不会因为自己和别人不一样而感觉不安，敢冒风险大胆决断。**他们具备Self-Awareness（自我认知）的能力，非常清楚什么对自己是最重要的，以及自己想做什么。

而二流精英只会依赖上司，跟别人意见相同与否是他们唯一的判断标准。

他们过度重视协调性，虽然没有给别人添麻烦，但是由于缺乏自信心和主体性，终究只不过是公司的一粒棋子而已。

在撰写本专题的时候，我咨询了很多朋友自己所接受的家庭教育的特征是什么。这些朋友都是年纪轻轻就在高盛集团、麦肯锡公司等国际一流企业飞黄腾达，可是却毅然投身到NPO（非营利性组织）或者转行做风险投资，还有人自己创业并在短时间内就成为相关领域的领军人物。

这些人给我最多的回答是"父母教育我常常反问自己，对自己来说什么是最重要的、自己最喜欢什么"。

无论在家里还是在学校从没有人强迫我"学习"，但是从童年时期开始父母就经常让我"思考自己喜欢什么、想做什么"，不知不觉就养成了常常审视自己的习惯。

只有明确什么对自己是最重要的，自己想做什么才不会随波逐流才能开阔有主体性的人生。

主体性是一个成功的领导者不可或缺的因素，那么各位教育达人们到底该如何培养孩子的主体性呢？

"主体性"可谓实现自我价值的关键，那么接下来南瓜夫人将与各位读者一起思考具体的教育方法。

**❶ 让孩子自由做决定**

# 1. 给孩子自由、让孩子自己探索

### ——让他自己做决定、从而加深自我认识

📝 问卷调查结果

**自由能培养主体性**

我父母的教育方针是"过自己想过的生活"。他们从不对我的学习成绩、升学和就业指手画脚。但这并不代表他们对我不关心，事实上正好恰恰相反，他们不但常常把我的事情挂在心上我还不断给我加油鼓气。

我非常感谢父母这样的教育方针。不管遇到多少困难，因为路是我自己选的，所以一定会认真反省、不断努力。

（东京医科牙科大学研究生学院生命信息科学教育部　S同学）

## 父母让我自由寻找自己想做的事情

我父母对我实行自由放任主义培养方针，我认为这点很好。因此我在很小的时候就养成了自己的事情自己做主的习惯，并且能对自己的决定负责。

父母从没有强迫过我"去学习"或者"去读那个高中吧"。在上什么特长班的问题上父母也没有将他们的意见强加于我，而是让我自己去寻找真正想做的事情，并且支持我想做的任何事情。

（东京工业大学　T同学）

## 父母将我培养成能自我决断的人

小学低年级的时候在父母的建议下我学习了钢琴、书法、英语等课程。进入高年级以后，父母给我了自由选择的权利，不喜欢的课程可以放弃。

中学之后，父母让我自己决定上哪个补习班和上哪所高中，他们只负责出学费。高中时父母将学费和生活费全部交给我让我自己管理。所以我非常清楚父母为我做了多少投资。我想他们是想把我培养成"不论什么时候都能自己做决断的人"。

（早稻田大学政治经济学系　K同学）

# 用自由放任的方式发展孩子的主体性

## ——让他寻找"自己喜欢的事情"

只有让孩子自由决断才能培养孩子的自主性和主体性，这是本书最想强调的重要经验。**让孩子自由地寻找自己喜欢的事情很重要，它可以让孩子发现"对自己来说什么是最重要的、自己最喜欢什么"，同时可以培养孩子的"自我决断能力"。**

如果凡事父母都为孩子安排得面面俱到，孩子只要乖乖服从就行了，那样只会让孩子变得被动、没有决断力"不会思考、只能服从"。

在本次调查问卷的多数回答中，有一项就是感谢自由放任的家庭教育。"父母让我自由选择上什么特长班、读哪所学校、做什么工作。这让我觉得他们非常信赖我，所以不论做什么事我都能充满责任感、发挥主体性"。

**"父母不要擅自决定孩子应该学什么"**，因为我有过失败的教训，所以更加深有感触。我曾擅自做主让孩子们去学习钢琴、游泳等五六门课程。

两个女儿不但做事认真，好奇心也十分旺盛，无论哪门课程都学得津津有味。受姐姐们的影响贪玩的两个儿子以为这些课程都是"义务教育"，于是也理所当然地去上课。

但是，**强迫孩子学习终究不会持久**。孩子上小学后从小伙伴们了解到的新鲜事越来越多，有一天大儿子像发现了"新大陆"一样兴奋地冲进家门对我说"妈妈，原来钢琴课并不是必须学习的课程"。

现在想起来真是惭愧可笑至极，那么讨厌学钢琴的大儿子之前一直对"法律规定必须学习钢琴"这事深信不疑。可是从那之后他再也无法对钢琴课提起兴致，不久就放弃上课了。

"妈妈想让你成为一个写字好看的人"，我曾把自己未能实现的梦想寄托于孩子让他去上书法课，可是他很快就放弃了。

因此，只要孩子是**"在家长强迫下去做某事"**，那么无论做什么他都不会**积极主动**。

在调查问卷中有很多家庭"让孩子自己选择上哪个特长班"。从这件事上我们不难推断出这样家庭的教育方针，**不论日常生活中的任何大事小情，孩子的事情让孩子自己决定**。

在人生中遇到的第一个关口中学升学考试，以及考前选补习班的时候，这样的孩子就已经与被动方式培养起来的孩子表现出明显的差距，前者已经完全准备好了"自己的路自己决定"。

幸好在孩子上中学以后我们家采取了全面自由放任的教育方针，绝大部分的事情交由孩子自己决定。

虽然我也会让孩子去补习班补习自己不擅长的科目或者找家教辅导，但是只要孩子决定放弃的时候我也不再强求。我认为如果再像小学时那样将父母的想法强加于孩子只会起到反作用。

不管到什么时候家长总会不自觉地把儿女当成小孩子看待。但是**只有大胆地相信孩子，在各个方面给予孩子决定权**才能培养孩子自己的价值观（对自己来说什么是最重要的、喜欢什么、想做什么的自我认识）。

如果孩子不会自我决断就等于丧失了人生的自主性和主体性，既不知道想干什么，又拿不定主意，最终只能成为平庸的人。

# 2. 让孩子自己设定目标

## ——没有孩子会向着"自己不喜欢的目标"而努力

问卷调查结果

---

### "决定权"培养了我的自主性、思考能力和决断能力

我父母的教育方针是让我自己决定自己的所有重要事情。下决定就意味着要对下一步的事态进展以及未来有一个设想或者目标。需要综合权衡利弊选择最好的方法才能实现最初的设想与目标。**不断思考的过程培养了我的思考能力、决断能力以及自主性。**

（东京工业大学工学系 O同学）

---

### 父母让我确定具体的目标

不论什么时候我的父母都让我自主确定具体的目标。当我向他们要零用钱的时候，他们每次都会问我"为什么需要这笔钱""打算什么时候使用、一共需要多少钱"。**这让我做决定的速度提高了，而且对自己的决定也变得有自信了。**

（一桥大学法学系 I同学）

# 自己确定目标时集中力更高

#### ——不将父母的意见强加于孩子

想培养孩子成为能自主思考的人首先需要让孩子给自己确定一个目标。**没有人愿意向着不想到达的终点而努力奔跑。**

从本次调查问卷的结果也可以看出，很多家庭都非常重视"让孩子自己确定目标"。

在我家也是，当孩子确定自己的发展方向之后对学习的集中力与没有目标时完全不同。之前因为没有明确目标所以在准备大学升学考试时漫不经心的孩子，当她确定了想当会计师、想考MBA的目标后对学习的态度简直判若两人。

**孩子在自己确定目标后所做的努力远远超乎家长的想象。**我的小儿子自己提出要在美国参加大学升学考试，那时候他可真是拼命学习。据他在美国那边的朋友们说，他当时经常半夜还泡在图书馆里学习。在日本我强迫他学习的时候他从没有主动学习过，现在就好像变了个人一样。

在美国的大学毕业后他到了金融机构工作，可是几年不到他竟突然提出想当律师。在付出了相当多的努力后终于在极短的时间内当上了纽约州的律师，**正因为是自己确定的目标所以才能这么努力。**

我的大儿子经常背着父母通宵玩电子游戏，接受义务教育期间几乎从来都不写作业，可在他30岁左右决定考MBA的时候，简直像换了个人似的集中精力学习。

虽然用弟弟的话来说，哥哥已经干遍了那些已经考取MBA的人所向往的公司，所以完全没必要再去考试。可是一旦确定目标无论谁说什么都不会改变，在这点上兄弟俩真的很相像。大儿子生平第一次怀着强烈的愿望而集中精力努力学习，去留学的时候应该学到了很多吧。

我的二女儿属虎，她在确定职业目标之前一直在国际交流机关工作，没事的时候就窝在家里看阪神队的棒球比赛，生活过得相当悠闲。但是确定目标之后，她就像盯住猎物不放的老虎一般注意力高度集中。那时候注册会计师考试竞争特别激烈，可是她却只准备了不到一年的时间，就一次性通过考试。

我可以对天发誓，这几个孩子并没有格外优秀也称不上特别努力，但是对自己决定好的事情却发挥了超乎想象的集中力。

从上述事例我们不难看出，**只有让孩子自己确定目标才能激发出孩子的自主性、责任感和集中力。**

立刻退出我们一厢情愿为孩子选的特长班吧，让我们把时间用在陪孩子寻找他想做的事情上。因为只有孩子自己确定的目标才能真正激发出他的主体性。

## 3. 尊重孩子对自己升学以及就业的选择

——让孩子自己做重要的决定

### 问卷调查结果

---

**父母尊重我的意见对我的人格形成产生了重大的影响**

从童年到高中，一直以来父母都尊重我的意见，正因为如此才有了今天的我。特别是从童年时期开始他们就给我提供了一个凡事都可以自由决定的环境，因此我养成了对自己的决定负责任的态度。

（东京大学研究生学院工学系研究科　M同学）

---

**父母让我自己做重大决定、因此锻炼了我的思考力**

像升学和就业等重要事情父母都让我自己决定，正因为"自己的事情自己做主"才有了现在的我。

比如在考哪所大学的问题上，父母全部交由我自己决定，无论什么样的决定他们都支持。事实上我也征求过父母的意见，但是他们跟我说"自己考虑，做个不后悔的选择"。

（东京工业大学工学系　O同学）

**大胆地将决定权交给孩子，让他学会承担责任**

我非常感谢我的父母让我自由选择读什么学校、做什么工作。从我小时候起，上不上补习班、读哪所中学、选文科还是选理科、考哪所大学读什么系等等与教育相关的所有事情父母都让我自己做决定，他们从不插嘴。

明知很危险，但是仍然大胆地让孩子做决定，并且让**孩子为自己做出的决定承担责任**，只有这样孩子才会三思而后行。

（东京大学研究生学院　O同学）

# 父母把自己对升学、就业的意见强加于孩子会导致孩子的人生失败

——孩子将背负一辈子的"悔恨"

升学与就业是影响孩子未来人生的重要问题，让年幼的孩子做这么重大的决定确实需要勇气，但是父母能做的就是给孩子提供选择判断的材料，最后尊重孩子的意见。

本次调查问卷的受访者全是一流大学的学生。调查结果显示**多数家庭"让孩子自己决定升学与就业问题"**。另一方面，虽然本书中没有介绍，但是我认识这样几位年轻人，他们的父母没有尊重他们对升学与就业问题上的意见，以致于这些年轻人最终迷失了人生的方向。

　　强迫孩子接受不喜欢的事情，最终毁了孩子，可想而知那时孩子对父母是何等怨恨。小努（化名）还很小的时候我就跟他很熟。他是一个大医院的第三代继承人，特别聪明、很有教养和礼貌，而且非常努力又顺从听话，所有人都喜欢他。

　　小努的母亲是堪称冠军级别的教育妈妈。但是不管家长对教育多么热心，最终学习的是孩子自己。不知道小努哪里出了什么问题，在高中升学考试中第一志愿和第二志愿他都没能考中。即便如此，为了考入大学医学系他甚至复读三次。不过好像三次考试均以失败而告终。从那之后他就彻底迷失了人生的方向。**既聪明又努力的小努最终变成这样正是因为他妈妈过分强迫他考不喜欢的学校所导致。**

　　虽然小努妈妈对他采取这样的教育方式也是事出有因，但是最终搞得鸡飞蛋打岂不是得不偿失。

　　还有我的朋友绘美（化名），她父亲非让她考大学医学系。但是绘美对当医生却毫无兴趣，在复读两次都没考中后她毅然放弃了考大学而选择就职。

　　在我们看来绘美拥有幸福的家庭，过着无可挑剔的人生，可事实却并非如此。她在美术方面非常有天赋，所以很后悔当时哪怕跟父亲大吵一架也应该坚持报考美术大学，那种悔恨时至今日仍挥之不去。她跟父亲的关系到现在依然很别扭。

　　我家在孩子小的时候也采取了高压式教育，万幸的是在孩子上中学后我改变了教育方针，将所有事情都交由孩子自己决定的方法非常有效。

　　孩子上小学的时候我强迫他们学习各种特长，上中学之后我的态度变得截然不同，我不再插手他们的学习和升学选择。虽然这回我终于可以大声地说我们家的教育方针也是"自由放任"了，但是这并不是因为我完全信赖孩子们。

　　在与孩子们的密切接触中**我发现孩子们知道的事情远远比我多，我已经落伍了**。所以如果我过分插手孩子们的升学选择，反而会拖了他们的后腿。

　　我常常告诫自己"父母不了解不明白的问题交由孩子自己去处理"、"当意识到反对孩子是不对的时就立刻承认错误并撤销反对意见"。**不谙世事又落伍的家长妨碍孩子的成长，很容易让家长与孩子之间产生芥蒂。**

　　从结论上来看，在"父母不将升学、就业意见强加于孩子"这点上我与多数优秀学生的家庭教育方针是一致的。

**Ⅱ　不过分帮助、但给予支援**

# 4. 尊重孩子的自主性，但也要充分给予建议

## ——教育不能完全"放任"

✎ 问卷调查结果

---

**过度的自由放任等于置之不理**

　　说的好听点儿我的父母给了我发挥自主性的权利，可是他们从没给我过我任何意见和建议，可以说是对我不管不顾的状态。**其实我很想听听父母作为社会人的建议和想法，希望他们为我提供一些技能和知识。**

（东京大学研究生学院经济学研究科　N同学）

---

### 在做重大决定之前，希望先得到指导

我家的教育方针是，关于未来的所有事情全部由孩子自己决定。比如说高中毕业时父母**将大学4年所需的学费、生活费一并交给我，让我自己决定如何使用**。但是这个决定权实在太大，一不小心就会走错路，所以非常希望父母能在小学、中学时代给予相关方面的指导。

（东北大学　H同学）

### 对父母一味的"你自己决定"这点非常不满

我父母的教育方针用一句话来概括就是"让孩子自己长大"。从中学时起我就去补习班上课，但这并不是因为父母强迫我去而是我自己想去。在其余所有事情上也都是这样，我必须为我自己的全部事情做决定。当初选补习班的时候我特别发愁，跟父母商量，他们却一味地说"你自己决定"，事实上开始上课才发现选错了，所以**很希望父母能多给孩子一点建议**。

（中央大学　M同学）

# "放任"不是"置之不理"

## ——父母的建议在孩子成人后开始见效

刚才我们谈到了让孩子自由建立目标自由选择升学和就业、父母尊重孩子的决定是培养主体性的根本，但是**"自主放任"与单纯的"置之不理"是完全不同的**。

父母不给任何建议就突然让一个对外界还不够了解、思考能力尚不成熟的孩子决定所有的事情，绝大多数情况下都不会成功。多数调查问卷也回答说"放任不是置之不理"。

有的家长总是不容分说地单方面决定什么对孩子好，牵着孩子的鼻子走，认为这样既省时间又方便，但是**这样无法培养出孩子的自主性**。

还有的家长"所有事情都交由孩子自己判断决定"，对孩子置之不理不给任何建议，或许即便如此也好过那些过度保护的家长。

但另一方面，也有不少学生认为"父母没有给我提供过任何建议，让我吃了很多苦"、"希望家长能够给我提供一些建议"，由此可见完全放任也是不对的，等于是放弃了自己的育儿权利。如果家长能够充分利用自己的经验和广泛的见闻给孩子提出点建议，相信孩子一定可以更好地做出选择。

一般来说我家不给孩子提供太详细的意见，**只是在方向上丈夫会给予强烈的"建议"**。

在孩子还很小的时候他就总说"要活的有气派、站在众人之上、做个对大家有用的人"。丈夫口中的"有气派"指的是当总统那样的人物，所以我经常担心不管孩子们将来从事什么工作大概丈夫都不会满意吧。

丈夫还经常对当时还是小学生的孩子们说"仅仅为了吃饭穿衣而工作、领多少工资干多少活儿未免太无聊，如果不做点什么特别喜欢的工作将来一定会后悔"。这些话听起来似乎有些狂妄，可事实上竟成为了孩子们人生岔路口上的路标。

比如说小儿子吧，他辞掉了国外金融机构的高薪工作而着手准备考律师，接二连三地迎接我无法理解的挑战。**他把父亲所谓的"喜欢的工作、能帮助别人的工作"当作自己选择工作的标准。**

在超现实主义者的我看来那么小的孩子根本不可能理解丈夫的意思，那听起来完全就是豪气冲天的梦话。不过现在回想起来其实丈夫并没有白费口舌。

给孩子灌输梦想和希望，其实就是帮助孩子在广阔的视野基础上建立做事的"野心"。

**不要在意孩子的年龄，有什么想对孩子说的话一定要及时对孩子说。**即使孩子当时没有理解你的意思，但是脑海里会留下个概况，很多年之后回想起来就可以充分理解了。

总之，父母有建议一定要及时说，千万不要错过机会。

# 5. 给出选项，但把最终选择权交给孩子

——选择能锻炼孩子的判断力

问卷调查结果

**父母帮我收集思考的"材料"**

我认为培养孩子的主体性最重要的一点就是"在人生的选择中，父母应该给孩子提出几个选项供孩子选择"。

在我遇到重大选择的时候，我的父母会给我提出几个选项，但是具体选哪个交给我自己决定。比如说在选补习班的时候，他们**帮我考察了几个不同的补习班，告诉我每个补习班的课程安排以及实力如何**，并多次问我"上补习班想学什么"，最终我自己选择了一个补习班。

正是父母这样的教育方针才使我能客观地审视自己并积极地采取行动。

（京都大学法学部　T同学）

---

**给孩子提出"可能性",但是决不强求**

我的父母从没强迫过我"做什么"。他们会给我提出具体的**可能**

**性分析**,但最终决定权在我手里。

因为常常自己做决定,我逐渐地开始主动思考除此之外还有没有

别的可能性呢,于是养成了自我摸索事物可能性的习惯。

(庆应义塾大学研究生学院理工学研究科 K同学)

---

# 提供"适合孩子个性的选项"
# 在收集信息方面父母胜过孩子百倍

帮助幼年时期的孩子做自主判断时,家长应该做到"客观地讲述事情状

况、提出多个选项、最后让孩子自己决定"。

在孩子处于幼年期时,父母掌握的信息量多并且收集信息的能力也远远超

过孩子。根据孩子的性格、能力、年龄,父母率先收集信息再教给孩子远远比

什么都不做就交给孩子决定要好得多。

从本章的调查问卷也可以看出,**对于小学时期上什么补习班,很多学生表**

**示父母应该先收集这方面的信息再教给孩子。**

父母最好能够根据孩子的个性提供合适的选项。我家曾经因为想让孩子弹

钢琴所以就安排了钢琴课补习班,因为夫妇二人写字都不好看所以让三个孩子

去学书法,因为朋友开设了美术教室、为了捧场所以让孩子们去学绘画等等。

还有游泳、算盘、少年棒球等等也都是因为我们家长的原因让孩子去学习。父母强迫孩子学习是不对的，但是我的两个女儿却学的特别开心，所有课程都圆满完成。与此相反我的两个儿子除了游泳之外其余的课程全部半途而废了。

我家错就错在不该让个性完全不同的两个儿子和女儿学一样的课程（因为女儿学得很顺利），大概是因为我觉得如果让儿子们自己选的话，他们肯定选不学，所以我才强迫他们去上课。**如果这些课程都是儿子们自己选的话，即使半途而废，我也可以通过此事教育他们要多努力、有责任感、谨慎做决定的重要性。**可是这些课程都是我忽略了孩子的个性强迫他们选的。

我无视孩子们的想法也不考虑他们擅长不擅长就强迫他们去学这学那，儿子们只是觉得很无聊，所以根本没有从中得到什么经验教训。

年幼的孩子很难去自己搜集信息，但是家长可以根据孩子的资质帮他们搜集相关材料，这样**孩子就可以在你提供的选项里进行选择，因此提高孩子的判断能力。**

重视孩子的自主性与什么事情都交给孩子做在本质上是不同的。这句话我也用来自省，家长必须分清放弃责任与怠慢责任、出主意指点与强迫接受的区别才行。给孩子提供有帮助的选项，但最终选择权交给孩子，要做有见识的家长。

如果家长给孩子提供的建议和选项过度，就会掉入"过度保护的陷阱"，关于这一点我们在接下来的章节里会进行论述。孩子们想要的正是家长介于置之不理与过度保护之间的建议。

# 6. 不对孩子过度保护

## ——平衡过度保护与放任不管的尺度

📝 问卷调查结果

### 适当放开孩子

父母对我照顾的可谓无微不至，可这种溺爱往往会磨灭孩子的自主性与积极性，这是我特别希望父母改正的地方。**有时放开孩子反而更有助于孩子的成长。**

（东京大学法学系　K同学）

### "我帮你做"剥夺了孩子锻炼自己能力的机会

我的父母对我有些过度保护，比如说准备毕业旅行和填写相关资料等都是我爸妈帮我做的，一旦自己想做点什么的时候往往就搞得不知所措。因此我深刻地意识到"什么事情我都帮你做"其实就是"**剥夺了孩子锻炼能力的机会**"。

（东京理科大学　I同学）

# 重视体验"各种失败"的机会

## ——失败是锻炼"头脑"的机会

"父母不给任何建议和支援的自由放任"往往只是单纯地放弃育儿，但是如果父母为孩子做得过多，孩子就变得什么都不会。所以**如何平衡过度保护与放弃育儿的尺度**才是见证父母真本事的地方。

话虽这么说，其实我是个对年幼孩子过度保护的反面教材。在大儿子的整个学生时代，每次去露营的时候每个人该做什么大家都配合得非常好，只有他完全不知所措常常是袖手旁观。后来他意识到是我对他照顾的太过周到所以导致他什么也不会，让我以后不要这样做了。

还有在帮儿子搬家的时候丈夫发现，儿子完全不知道应该先搬哪个以及怎么搬，因此丈夫也斥责我不该对孩子过度保护。

如果家长把孩子的事情全部事无巨细地安排妥当，**当时看似顺利解决了所有问题，但是从长远来看孩子会因此变得无能**。在大儿子上小学高年级的时候，我还理所当然地为他准备郊游和住宿的一应物品，结果二女儿说"这么点小事你都不让他自己做，你想把他培养成什么样的人呢？你也不可能为他操心一辈子"。

什么事情都是我做肯定比让孩子自己做要快得多，所以经常很多事情我都替孩子做完了。现在回想起来，**即使让孩子自己做其实也费不了太多时间**，而且从长远来看，随着孩子自己能做的事情越来越多，我也会节省不少时间。最重要的是能锻炼孩子，可是当时的我却没有意识到这些。

**过度保护最大的问题就是剥夺了孩子从失败中学习经验的机会。**不失败就记不住，只有自己亲身实践才会下功夫去钻研，很多事情只有通过日常生活才能学到，可是因为我管得太多，以至于剥夺了儿子学习的宝贵机会。

也就是说**家长的过度保护与过分干涉是阻碍孩子"头脑"、"主体性"和"积极性"发展的因素**，这与本节的调查问卷中各位学生的发言是一致的。有句话说得好"真爱总是夹杂着严厉"。

家长给孩子错误的爱会导致本来能有所发展的孩子得不到应有的发展，甚至会将他未知的能力扼杀在萌芽之中。就像我的某儿子到现在都不会打扫卫生、洗衣和做饭，家长错误的爱所带来的损失最终都必须孩子自己承担。

Ⅲ 培养孩子做自己

# 7. 尊重孩子的个性

## ——告诉孩子"可以与别人不一样"

问卷调查结果

**父母要求我不模仿他人，独立思考现在应该做什么**

父亲要求我时刻独立思考现在应该做什么。在我很小的时候父亲就是这个方针，起初我总是模仿别人，没有认真思考就做事，因此没少被父亲批评。如果不是母亲经常在一旁帮我说话，真是好几次都差一点儿顶撞父亲。

但现在我可以主动思考、按照自己的想法做事情，所以我非常感谢我的父亲。

（东京大学研究生学院　I同学）

### 不要被周围影响而迷失自己

我父母常常告诉我一定要重视自己的感受和想法。每当我被周围影响而快要迷失自己的时候就会遭到父亲的训斥。父亲常说要以自己为中心，**要有掌控一切的气概**。每当我快要迷失自己的时候我就会回想起父亲的话而重新振作起来。

（早稻田大学政治经济学系　K同学）

### 不要害怕跟别人不一样

我的父母告诉我不要拘泥于常识，**尊重自己的想法**，不要害怕跟别人不一样。

（东京大学研究生学院　H同学）

# 有可能"大家"都错了

## ——只注重协调性教育会导致孩子变成"多一事不如少一事的消极主义"

掌握了自我思考独立行动的主体性之后还有一个很重要问题的就是培养孩子战胜当今社会上无处不在的"同调压力"。在我们调查问卷中很多学生也提出，因为父母说**"不要害怕跟别人不一样"**所以受到相当大的鼓励。

因为班上的同学都这么说，老师也是这么说的，电视里也是这么说的，在孩子养成"大家都这么说的所以我也是这么想的"这样的思考模式之前，我认为应该先教孩子"有很多时候其实大家都错了"。**自己决定"自己的想法"、"应该做什么"的习惯才是主体性的根本。**

只注重"协调性"的教育很容易培养出单纯的"迎合主义"、"多一事不如少一事的消极主义"。我的父母的生活方式是"凡事都不要太显眼、保守而有节制"。有段时间我回顾自己之后愕然地发现，多数的失败和后悔都是因为我误解了父母"有节制"的意思，过着"多一事不如少一事的生活方式"而造成的。为了顾忌朋友而故意迎合对方的举动归根结底对谁都没有好处，不利于建立真实的人际关系。

不过因为我丈夫的个性很强，所以孩子们也深受感染，"即使被批评也敢于阐述自己的意见"。丈夫以及丈夫的家人都是光明正大阐述自己意见和想法的人。乍一看这似乎有些放肆和狂妄，其实不然。

与我这种迎合类型的人不同，丈夫正直、敢说真话与人真诚交往，而且不会被周围环境所左右。

丈夫还经常跟孩子们说，电视和报纸报道的事情也不见得全都正确，往往就一个事件多家媒体都是同一个态度，但是我却不这么认为。然后他会**问孩子们"你是怎么想的"，让孩子们发表自己的意见和感想。**他还经常絮絮叨叨地告诉孩子们要有梦想有目标，千万不要随波逐流。

正是因为有一位这么强势的父亲，所以我家的每个孩子都做到了"不被周围的环境影响"、"不畏批评、敢于阐述自己的意见"。如果让信奉"凡事都要保守而有节制"的我一个人去培养这几个孩子的话他们肯定不会是现在这样。

尽管协调性教育很重要，但是只强调协调性往往容易造成孩子随波逐流、缺乏主体性。

虽说谦虚和协调性都很重要，但是与其错误地被别人左右，不如我们去左右别人。不管别人怎么想，**有时坚定地认为"你们全都错了"**也是主体性的生活方式很重要的一部分。

# 8. 告诉孩子"做对别人有帮助的人" 比"不给别人添麻烦的人"更有意义

——建立自己的目标比缩手缩脚过度谨慎重要

## 问卷调查结果

### 领导者的共同点是"对别人有帮助"

在我很小的时候,我父母就经常教育我人应有什么样的姿态,仅仅是"没给别人添麻烦"是远远不够的。比如尼特族声称"没给别人添麻烦",但是没有向国家缴税其实已经是在给别人添麻烦,只是这些问题没有暴露出来而已。

所以**我感谢我的父母没有教育我"不要给别人添麻烦",而是让我"努力成为对别人有帮助的人"。**马丁·路德·金、特蕾莎修女、德川家康等被我们称之为"领导者"的人物都有一个共同的特点,那就是"对别人有帮助"。

（庆应义塾大学医学部 H同学）

> **"考虑别人的感受"会让孩子变得消极**
>
> 我的父亲是警察，他经常教育我不要给别人添麻烦，要多考虑别人的感受。因为父亲特别强调"绝对不可以给别人添麻烦"，所以我养成了凡事都先考虑别人的习惯，性格渐渐变得消极。
>
> （一桥大学商学系经营学科　F同学）

# 一味地教育孩子"不要给别人添麻烦"
# 会导致孩子做事缩手缩脚

## ——让孩子拥有能吸引人的"远大志愿"

我曾多次接受过这样的育儿咨询，家长过分强调"不要给别人添麻烦"，所以导致孩子做事情缩手缩脚。虽然告诫孩子不给别人添麻烦很重要，但是像咒语一样每天念给孩子听势必会削弱孩子的积极性造成本末倒置。**仅仅追求"不给别人添麻烦"会导致孩子过度谨慎从而丧失主体性。**

话说回来，一个人活着真的可以不给任何人添麻烦吗？那些被众人敬仰和信赖的名人甚至诺贝尔奖获得者，连他们都说是在众多牺牲的基础上才完成了自己的伟业。而且那些所谓的"牺牲者"也并不认为自己是牺牲品，他们是这份伟业的一份子，与获奖者一样对成功表示无限的喜悦。

有远大志向的人必然会有支持者，关键是要怀抱对社会有贡献的理想，这样才能吸引"不把麻烦当麻烦的人"。

　　有远大志向的人在大事面前不会因为会给别人带来麻烦和牺牲而停滞不前。反而是不肯努力的人即使遇到了小小的障碍，他也会找个冠冕堂皇的理由来逃避。

　　在遇到困难的时候求助也是需要勇气的，甚至有人说这是"一个人独立的条件"。**与其一味地担心给别人添麻烦从而束手束脚什么也不做，不如做好给人添麻烦的准备放手去做。**

　　在一个诚实又有远大抱负的人周围，不可思议的总是会聚集很多不把麻烦当麻烦肯于帮助你的人。对这种人来说，完成远大抱负本身就是一种报恩。

　　因此，家长不要单纯教育孩子不给别人添麻烦，而是要**教育孩子胸怀大志、诚实做人、建立良好的人脉关系从而聚集"不把麻烦当麻烦的人"。**

　　一定不要让"不给别人添麻烦"这种过度的担忧削掉了孩子的"主体性"和"强烈的积极性"。

# 9. 从"小事"来建立孩子的自信

## ——小小的自信能创造更大的"上升潜力"

📋 问卷调查结果

---

### 孩提时期的"优势经历"让我变得有自信

在小学低年级的时候我的学习成绩特别好，所以让我变得有自信。父母斯巴达式的教育使我汉字和小九九学得特别好，成绩常常名列前茅。为了维持这种优势我养成了自觉努力的好习惯。**小时候我还参加过铁人三项，并在大赛上多次夺得冠军也让我对自己更有自信。**

（东京大学经济学系　A同学）

---

### "文武双全"的教育

我父母的教育方针是"文武双全"。虽说我也去过补习班，但是父母从没命令过我学习。从小学到高中我一直专心致志打棒球，他们也表示支持。**正因为坚持棒球这个团队竞技活动，所以才锻炼了我的协调性以及向着目标努力的集中力，培养了我的自信。**

（一桥大学　N同学）

### 受母亲的影响我"想成为有一技之长的人"

我的母亲从小就开始弹钢琴，她从音大毕业后就一直致力于当钢琴家而不断努力。受母亲的影响，我特别憧憬像艺术家或者运动员那样有一技之长的人。母亲是个特别严厉的人，她对我的管教特别严格，但是**因为母亲会弹钢琴，这项突出的才能使我对她格外尊敬。**

我认为大学是培养一个人某专业领域能力的地方，因为一心想成为一个像母亲一样有一技之长的人，所以在报考大学的时候才能认真地做出选择。

（东京大学研究生学院工学系研究科　T同学）

# 拥有一技之长可以促进飞跃

## ——如何改变消极的孩子？

不管哪个领域都好，让幼小的孩子拥有自信能促使他在今后漫长的人生中产生自主性和积极性。

在我们的调查问卷中有很多人回答说，**童年时期在学习和体育上获得的自信即使长大之后也仍然存在。**拥有一技之长的人即使在其他方面不那么擅长，但是因为有自信，所以人生过得非常充实。

有一个我小时候的朋友，她从上学的时候就开始练习能舞（译者注：日本的传统戏剧），这种兴趣很少见，所以朋友很害羞没跟别人提过。她练习能舞特别努力，即使婚后也没有放弃，不久她就当上了师傅，现在她68岁了，至今身边仍有很多徒弟。

上次在50年的同学会上见到她，初中的时期那么没有存在感的一个人现在竟然看起来比谁都耀眼。

我孩子的事例也可以证明**在特定领域获得的自信和经验将促成后来的重大飞跃**。

我家的小儿子在很长一段时间里无论是学习还是生活上都很被动。在家玩的时候也总是粘着他哥哥。

让小儿子改变的契机是他取得了柔道的黑带。上中学后他加入了柔道社团。擅长柔道的父亲从他很小的时候就手把手教他学柔道。随着孩子慢慢长高，印着他名字的柔道服也换了又换，看来父子间的柔道已经远远超出了玩耍的范围。

一定是跟初学柔道的同学相比他显得比较优秀所以才让他产生了干劲儿吧。他自己也说当柔道变得很厉害后，**"在别的事情上也变得积极起来、并萌生了'只要肯努力一定会成功'的自信"**。

刚上高中不久他就提出要去美国留学。一直以来无论什么事情都听命于哥哥的孩子竟然第一个要提出要离开家，这对我们家的任何一个人来说无疑是个晴天霹雳。

那个成天跟在哥哥屁股后粘着哥哥的被动孩子最终在自己提出的留学生活中获得了成功，在美国考取了他向往的资格证书并顺利就职。

之所以小儿子能独自克服留学中遇到的种种困难，正是他在考取柔道黑带时磨炼出来的毅力使然。

**让孩子从小就接触体育或者其他技能不仅仅是给孩子一个契机让他爱上体育或者在社团活动中大显身手，还拥有更加重要的作用。**专心致志于一件事情坚持下去并有所进步，可以让孩子学会自信和协调性，这是培养主体性和领导才能的基础。

## 本章要点

# 让孩子自己做决定

——"主体性的有无"与出身哪所大学毫无关系

一位以前在上市公司当部长的朋友这样说过,"我曾经给很多新员工做过培训,能不能举一反三,有没有基本的社会人常识与他们毕业于哪所大学丝毫没有任何关系"。

朋友感叹说"很多新入职的一流大学毕业生不会独立思考,领导不给指示就不知道自己该做什么。一般来说这种人比较擅长像参加考试那种专心致志解答上级布置的题目,能到一流公司就职大概也是由于这个原因吧。但是由于缺乏作为社会人的常识,所以凡事都要从头教起"。

我觉得今后关于"主体性"的教育将会更多地被人关注。

在第一章中我们了解到什么样的环境能培养孩子的"主体性"。接下来让我们一起回顾一下第一章的内容。

### 让孩子自由做决定

❶　给孩子自由、让孩子自己探索

各位家长有没有给孩子自由选择、自主决断的机会呢?只有通过自主决断才能让孩子意识到什么是最重要的、自己喜欢什么。否则孩子什么事情都无法自己做决定,长大之后只能被动地听从于别人。

❷　让孩子自己建立目标

你是否让孩子自己建立目标？家长强加于孩子的目标往往孩子不会真心努力。当孩子为了自己建立的目标而努力的时候，那情景简直判若两人。

❸　尊重孩子对升学和就业的选择

你尊重孩子的意见了吗？在升学和就业上不尊重孩子的意见会给以后的父（母）子关系埋下祸根。

## 不过分帮助、但给于支援

❹　尊重孩子的自主性，但也要充分给予建议

你给孩子充分的意见和建议了吗？自由放任与单纯的置之不管完全不同。

❺　给孩子提供若干个选项，但最终选择权交给孩子

根据孩子的资质和才能提供选项，不强迫，最终选择权交给孩子。

❻　不过度保护

你有没有对孩子过度保护？从长期来看过度保护只会阻碍孩子的成长。如何做到既支持孩子又不过度保护是家长的重要工作。

## 培养孩子做自己

❼　尊重孩子的个性

你尊重孩子的个性了吗？告诉孩子不要一味地参考别人，鼓励他"可以与别人不一样"，这样能锻炼孩子不被周围影响的独立思考能力。

❽　不要单单强调"不要给别人添麻烦"，要教孩子做"对别人有帮助的人"

你有没有一味地对孩子强调"不要给别人添麻烦"？当然，我们应该培养

孩子最起码的礼仪礼貌，但是过分强调会导致孩子无法建立"远大志向"。

❾　从"小事"来建立孩子的自信

你的孩子有自信吗？只要有一项"自己擅长的"项目，它所引发的自信将使孩子在今后所有领域上都充满主体性和积极性。

第二章

# 开阔"视野"、让孩子找到
# 最适合自己的职业

## 增加选项，引导孩子进入擅长的领域

# 让孩子开阔视野增长见识，从而找到最适合自己的职业

写在本章之前——金武贵

"读MBA真是让我大开了眼界"，这是我在外资金融机构就职时我的第一个领导跟我说的话。

他在斯坦福大学MBA毕业后曾先后在私募股权融资公司和投资银行工作，之后成为大型跨国公司的日本法人社长，无论能力还是人品都非常优秀。在我20岁刚出头的时候，这个让我尊敬的领导跟我说的一席话让我印象深刻，并且成为我决定留学的动机。

从我自身来讲，去INSEAD（英士国际商学院）留学让我在法国、新加坡以及中国都学到了很多东西，让我的视野和人脉一下扩展到世界范围。在英士国际商学院毕业后我的朋友遍布全世界80多个国家，有新加坡的军人、英国的政治家、摩尔达维亚风险投资学校经营者、沙特阿拉伯的企业经营管理顾问、英国的酒店大王还有肯尼亚的律师。人际圈子的扩大让我增加了很多见识。

我的同学来自世界各地，有不同的观点和价值观，他们在各自的国家有过辉煌的经历实现了自我价值，受他们的影响我也想从多方面去寻找自己真正适合的职业。

**"让孩子不断开阔眼界增长见识，从而找到自己最适合的职业"，这是一项很重要的教育。**

从事适合自己的工作相当于人生成功了9成。反之如果从事不适合自己的

工作，无论怎么努力最后往往都是不幸的。

在当今时代，**无需等到孩子长大成人便有很多机会可以开阔眼界。**

为了培养孩子有理想，很多优秀的学校准备了丰富多彩的教育机会。比如从初中开始就用英语上课，让学生到国外的合作学校进行为期一年的交流学习，让学生参加纽约举行的联合国模拟会议辩论，参与者都是来自世界各地的高中生，提供到重点大学进行科学实验的机会，邀请各界经营者到学校做职业方面的演讲，这些教育机会让学生在10多岁的时候就开阔了眼界并对职业有了客观的认识。

在年轻的时候就开阔了眼界，**了解自己的喜好、优缺点、价值观的人，在将来进行职业选择的时候比较容易找到适合自己的职业。**相反那些为了考试而学习的高偏差值精英不但视野狭窄、对自己的认识也不够，求职的时候不考虑自己的资质和能力，永远只会像无头苍蝇一样横冲直撞。

从幼年就开始积累经验并开阔眼界有利于在今后漫长的人生中找到自己热衷的事情。

在本书的调查问卷中很多学生就"开阔眼界的重要性"做出了评论，重点归结如下。

**开阔眼界**

❶ 开阔眼界、刺激孩子的求知欲

❷ 通过读书来增长见闻、养成学习习惯

❸ 阅读"喜欢的书"，让读书成为习惯

❹ 在现实环境中开阔眼界

**寻找适合自己的路**

❺ 支持"孩子感兴趣的事情"

❻ 发掘隐藏的才能、对"原石"予以雕琢

在如何开阔眼界方面我特别想强调"知识带来的充足感"的重要性。我上大学的时候，在一个我非常尊敬的老师的课上**我第一次体会到了"知识所带来的兴奋""知识所带来的充足感"，让我意识到了开阔视野加深思考的乐趣，从那以后我终于开始主动学习了。**

另外，要想开阔眼界必须养成读书的习惯。我接触过很多来自各个国家的精英人士，**一流的领导无一例外都是读书爱好者。**

有个和我年纪相仿的朋友在东大法学系毕业后到哈佛大学读了MBA，年纪轻轻就被提拔为大型投资公司的社长，可谓精英中的精英。关于小时候家庭教育的特征他是这样回答的，"**我的父母都非常喜欢读书，在我很小的时候就经常跟着他们去旧书店买书。因为家里堆满了书籍，所以一有时间我就读书**"。

还有很多一流的商界领导也提出了阅读的重要性。受父母读书习惯的影响孩子也变得喜欢阅读，读书使人视野变得开阔并能养成良好的学习习惯，是未来驰骋职场的基础。

有些人天天研究"读书方法"之类的书却忽略了真正的阅读，结果造成本末倒置。**读书习惯会对一个人的知识、思维方式、视野、知性以及领导能力的发展产生决定性的影响。**

当视野变得开阔之后应该向什么方向努力，在本章的后半部分我们还会就父母指导意见的重要性进行讨论。发展孩子的兴趣，帮助孩子尽可能接近自己适合的领域是父母的一项重要任务。

关键在于开阔视野之后让孩子参与各种各样的挑战，不过目的不是让孩子样样通样样松，而是**让孩子意识到自己喜欢什么、有什么才能、在哪个领域有信心取胜，并引导孩子向自己擅长的领域发展才是最重要的。**

一个在大型投资基金公司做合伙人的印度朋友说他是这样教育女儿的，

"在女儿小时候就让她尝试自己感兴趣的各种挑战","但是为了避免Jack of all trades(杂而不精)现象,会给予意见从而引导她进入自己擅长的领域"。

不论是哪个国家哪个行业,优秀的家长不仅仅帮助孩子扩展视野,还会根据孩子的资质和能力帮助孩子找到自己最适合的领域。

一流的家长是如何让孩子开阔视野并引导孩子走向自己适合的道路的呢?接下来让我们和南瓜夫人一起思考吧。

**I** 开阔视野

# 1. 开阔视野、刺激孩子的求知欲

## ——孩子很难自己开阔视野

📝 问卷调查结果

---

**在孩子懂事之前通过多方刺激来培养他的好奇心**

父母在我懂事之前就培养我的好奇心，多亏父母这样的教育才能有今天的我。**在我很小的时候他们就让我接触珠算、书法、上补习班、打棒球等等**。可能有人会指责我妈妈过分热衷于教育，但是对于在埼玉县农村出生长大的我来说，正因为这些最基础的求知欲望才成就了今天的我。

（早稻田大学研究生学院会计研究科　A同学）

---

### 想让父母给我提供"国外"这个选项

我很想父母让我再多见识一点外面的世界。我出身于地方城市，我曾认为在当地读高中上大学是很正常的事情。但当我上了大学之后我才知道，即使父母没在国外工作也有很多日本人在国外读高中和大学。

在我上高中的时候我甚至不知道还可以选择到国外读高中，如果当时父母能多给我一些这方面的启发该多好。当我成为父亲之后，我一定要给我的孩子提供各种各样见识大千世界的机会。

（庆应义塾大学商学部 S同学）

### 让孩子体会拥有丰富知识所带来的满足感很重要

从小时候起我的父母就把生物、化学、历史、文学等各个领域的知识浅显易懂地讲给我听。如果哪个科目我特别感兴趣，他们就会给我推荐相关的书籍，还会跟我共同探讨，让我一直保持旺盛的求知欲。

拥有丰富的知识让我内心感到无比喜悦并获得了成就感。要想获得丰富的知识，必须先学会在遇到难题的时候不轻易放弃，进一步深入研究，不吝惜努力。

（东京大学研究生学院医学系研究科 S同学）

# 培养孩子自主学习的习惯关键在于
# 让孩子体会到知识带来的满足感

## ——在孩子小时候就帮他打开"求知欲的发动机"

让孩子扩展视野，拥有丰富的知识是父母给孩子最好的教育。只有从广阔的视角出发看世界才能知道自己想做什么，适合什么。

**一旦孩子亲身体会到了学习的乐趣并体会到丰富的知识所带来的满足感之后，即使父母放任不管孩子也能自发学习、自主成长。**

在本次的调查问卷之中，很多人回答说"**自己也很想体验**"那些在高中和大学之前完全不了解，在听同学讲了之后觉得很有趣的事情。

比如"即便父母很难办到也想学小提琴""想让父母带自己去国外旅游""想让父母给提供留学的机会""想让父母告诉自己社会上还有很多很多的职业"。

虽然我很想说父母不是万能的，但是反过来也可以说明，子女对父母抱有很高的期待。

就"如何开阔眼界"这项提问的多数回答是"父母给我买了很多理科书以及社会图鉴和杂志"、"父母从不给我零花钱，但只有书买多少都行"、"父母给我创造了很多出去野营和旅游之类能获得多种体验的机会"。**正是这些经验刺激了孩子的求知欲，是促使孩子主动学习的契机。**

另外，通过调查问卷我们发现，学生表示拥有丰富的知识让他们内心感到无比喜悦并获得了成就感，这是非常感谢父母的地方。

我家的大儿子在上大学的时候接触了丰富的知识并开阔了眼界，其中经济和金融是他最感兴趣的科目。他说跟随这个领域的名师学习让他第一次感受到了学习的乐趣，之后就变得自主学习了。

确实在遇到那个教授之后，之前那么讨厌学习的他突然变得热爱学习了。

他本人也表示**"知识带来的满足感"**是今后持续学习的**"发动机"**。毫无疑问这个能让孩子不断产生学习欲望的发动机应该从小抓起并且越早越好。

孩子小时候很难自己开阔眼界。所以**父母有多少努力将决定孩子有多大的视野**。

关于具体怎么做的细节我会在下一项中进行讲述。开阔眼界必须"保持优质的阅读""遇到能给予你知识上刺激的朋友和老师"。

另外，家长想做到尊重各种各样的观点和价值观首先必须谦虚地承认"自己的无知和视野狭窄"。只有认识到自己的无知才能努力开阔视野从而了解自己。

# 2. 通过读书来增长见闻，养成学习习惯

## ——读书是打造全部学力的基础

问卷调查结果

---

**感谢父母推荐我读书**

从我很小的时候开始，我的父母就热心地给我推荐书籍。在我还是小学生的时候他们**几乎每天都帮我从图书馆借来他们推荐的书**，给我提供了很多增长见闻的机会。

（东京大学法学系　K同学）

---

**父母给我买了很多书**

父母给我创造了一个通过读书来不断满足我的好奇心的环境。**对于我感兴趣的百科大辞典、铁道杂志、历史杂志他们总是会毫不吝啬地满足我**。我之所以好奇心旺盛正是源于父母这样的教育方针。

（一桥大学研究生学院商学研究科　S同学）

---

**父母给我读书听锻炼了我对文章的读解能力**

父母的教育方法中对我影响最大的当属在我小时候他们给我读过很多书这件事了。**听父母读书锻炼了我对文章的读解能力，开阔了眼界、使我能够主动思考。**

（东京外国语大学外国语学院  F同学）

---

# 读书会让你见识到各种各种的世界

## ——"读书的多少"将影响你的一生

目前所介绍过的调查问卷中很多学生都有一个共同点，那就是小时候父母读书给他们听，给自己买了很多书所以养成了读书习惯。很多学生认为**读书使人视野开阔、能增强好奇心、即使没有父母的强迫也会主动学习。**

在调查问卷中很多学生对自己家庭教育方针的回答是"自由放任"。很多学生感觉自由，其实那只是在父母周全的诱导下觉得自己很自由而已。比如**父母以身作则用自己的学习习惯来影响孩子**等等。当然使用最多的诱导方法当属让孩子养成"读书习惯"。

父母从来没强迫过学习自己却考进了一流大学的学生，绝大多数都有过这样的经历，"小时候父母给自己读绘画书，所以自己喜欢上了读书"、"父母给我买了很多书"、"父母总是不间断地从图书馆帮我借书"、"家里有很多书、有适合读书的环境"。

从上述内容我们不难了解到，**读书可以满足孩子的好奇心、锻炼孩子的读解能力和集中力，有了这些孩子自然就能自主学习了。**

关于读书有什么用处，相信大家都非常清楚，有个非常喜欢读书的朋友跟我说"读书可以让我认识很多有魅力的人物"，这真是个了不起的见解。

也就是说"读书可以让我们超越时间和空间的界限，见到很多现实生活中我们无法见到的优秀的人"。这位朋友是个超级爱读书的人。因为他哥哥有很多书，所以从小他就开始读书，把他哥哥书架上的书读了个遍。他总说"读书很有趣"，从高中时代他就开始写小说，并考上了一所他很喜欢的特别难考的大学。

通过这次调查问卷让我对自己曾经漏洞百出的育儿方法有了很大的反省，其中最让我后悔的就是当时没能和孩子一起读书这点。虽说家务很忙，但也应该每天**抽出1小时左右的时间和孩子一起读书。**

当时我只会命令孩子"做这个、那个不许做"。如果我能选点适合孩子年龄、孩子又感兴趣的书，我们一起读书一起感动，一定会更有利于孩子的成长。

"读书给我很多增长见闻、加深教养的机会"、"在家就可以学到什么是正义什么是邪恶"、"读书让我超越时空遇见人生的导师、楷模"、"读书让我的人生变得积极主动"。读书能锻炼孩子的想象力、开阔视野，可以说读书是孩子的"益友"。

# 3. 阅读"喜欢的书"，让读书成为习惯

## ——强加于人则会适得其反

问卷调查结果

---

**小时候母亲经常读书给我听，所以自己也变得喜欢读书了**

因为小时候母亲总读书给我听，所以我变得喜欢读书了，对此我非常感谢我的母亲。妹妹也是听母亲讲了《哈利·波特》的故事之后变得喜欢读书。给孩子读书会对孩子未来的读书数量产生很大的影响。

（早稻田大学社会科学部　K同学）

---

**即使父母觉得"无聊的书"，孩子想读也要让他读**

我很感谢我的父母，无论我想要什么书都会买给我。不论是对当时年龄来说太难根本不可能读懂的书还是无聊幼稚的书，父母从不在乎价钱统统买给我。现在回想起来父母一定是不想抑制我的好奇心吧。因此我现在对读书不但一点也没有抵触感，反倒不读书会让我觉得浑身难受。读书对了解社会有很大的帮助。

（东京大学法学部　T同学）

---

**让孩子在感兴趣的基础上养成读书习惯**

我家非常重视读书。父亲在出版社工作、所以**小时候我就生活在一个经常接触书的环境中**。这种环境对我学习知识有非常大的帮助，小时候我就积极学习各种各样的知识，长大之后这些知识都成了我思考的基础。

**小时候开始是否经常读书、是否习惯学习对孩子长大后的学习能力有决定性的影响**。因此我认为在孩子小时候给他读绘画书、给他买学习用的漫画，让孩子在感兴趣的基础上养成读书习惯很重要。

（早稻田大学政治经济学系 S同学）

---

# 让孩子读"自己想读的书"，
# 而不是"父母想让孩子读的书"

## ——不是"自发想读"的话孩子不会养成读书习惯

想让孩子养成读书习惯最有效的办法就是让孩子读自己感兴趣的书。

比如阅读感兴趣的汽车模型书或者描写动漫角色的书，或者昆虫大词典也可以。总之孩子感兴趣自然就会主动参与阅读，父母多创造这样的机会对培养孩子的学习习惯有决定性的影响。千万不要将父母想让孩子读的书，或者碰巧手头有的书随便塞给孩子。

我家大女儿在1岁左右的时候特别喜欢《维尼熊》这本书。因为绘画书比正常书要小一些，所以她无论去哪都带着并且不厌其烦地反复翻看。在维尼熊的整个系列中她最钟爱第一卷（顺便说一下，有一天女儿不小心把书掉到了东京站新干线的轨道上，虽然后来我又给她买了新的，但是丢失自己熟悉的宝贝后那种失落感好像至今仍无法平复）。

之后随着孩子的成长并结合她的兴趣，我又给她买了世界文学全集等书，她丝毫不考虑我的钱包一本接一本地拼命阅读。也正因为这样在第二个孩子的时候我不需要额外买书家里就已经有足够的藏书。但事实上我陷入了一个误区。

不断让父母买来自己感兴趣的书的孩子与书架上摆满了书随便看什么都行的孩子，**他们的阅读量有天大的差别。**

在很久以前我为了追求虚荣读过当时被称为年轻人的"必读书"的陀思妥耶夫斯基与夏目漱石的作品，不过印象里只是"读过"，根本没有更进一步地理解文章的内涵也没有感动。

但是在更久之前，在当时书籍资源还很有限的小学时代，阅读自己喜欢的"林肯"、"海伦·凯勒"、"弗洛伦斯·南丁格尔"、"居里夫人"传记的时候那种感动至今仍然铭记在心。现在我仍然可以清楚地记得这些传记的内容以及文中讲述的正义，他们为了实现正义做出了拼死的努力、最后终于成就了伟业。

从这些经验可以看出，不要让孩子阅读现在流行的书或者家里有的书，而是根据**孩子的喜好选择合适的书才是让孩子爱上读书的第一步。**

在孩子还很单纯的时候让他阅读感兴趣的名著和伟人传记能让孩子遇见人生中的良师益友。

因为小时候的读书经历让我长大之后特别是压力比较大的时候，养成了即使削减睡眠时间也要专心阅读自己喜欢的历史小说的习惯。

阅读小说的时候你会觉得自己所认为的不幸其实都是一些不值得一提的小事。如果没有这些从书中获得的感动和教训，人生将是多么无趣。

所以抚育孩子的各位家长请一定要根据孩子的成长阶段，为孩子选择感兴趣的读物，请重视孩子的读书时间。

# 4. 在现实环境中开阔视野

## ——多样性教育的重要性

问卷调查结果

---

### 父母带我去过很多地方

在教育方面我母亲的方针是"带孩子去各种各样的地方"。母亲的做法打消了我对陌生环境产生的不安心理。其中**印象特别深刻的是小学时她带我去洛杉矶的事**。母亲想从ATM机上取钱却不得要领，正在发愁的时候一位年轻的美国女性主动告诉母亲ATM的操作方法，在输入密码的时候她主动背过身去这点让我印象十分深刻。当时觉得原来外国人也很善良啊，虽说在国外，但国外并没有想象中那么可怕。

（名古屋大学理学系　K同学）

---

**父母让我学习多样性**

小时候我就有很多了解多样性的经历。**我家是做生意的，客户和合作伙伴都是大人**。受这些大人的熏染，在很多事情上我比其他同龄人都更早地能以大人的视角看问题。

我还经常跟父亲一起去中国出差，常常能感受到异文化的差异。因此我认识到人是有多样性的，锻炼了我适应多样性的能力。

（庆应义塾大学 H同学）

# 广阔的世界观是孩子的宝贵财富

## ——在狭小的圈子里无法培养出优秀的孩子

我家的4个孩子因为留学和工作的关系都移居到了国外。两个儿子像候鸟一样奔波于好几个国家和地区。沾几个孩子的光，我分别在温哥华、香港、巴黎、枫丹白露、洛杉矶、波士顿、纽约、伦敦等地都生活过一段时间，并去过周边的很多国家和地区旅行。

在不同的国家接触各种各样的人，我发现无论哪个国家的人都非常热情和蔼，富有幽默感、原来大家喜怒哀乐的理由都是相同的。

无论在哪个国家，几千年前的建筑物和文化遗产都随处可见，并且在当地人民精心的保护下对外开放。

各个国家和地区都有自己独特的传统和风俗习惯、没办法用同一尺度去衡量哪个民族优秀哪个民族低劣，这种想分出优劣的想法本身就很无聊。

在法国我曾经举办过10次家庭宴会招待我儿子的朋友，总共与来自世界80多个国家的120余人进行过畅谈。我做的日餐和韩餐深受好评，很多人说自己是第一次吃这样的料理，虽然是第一次吃却完全没有排斥，无论我做多少都不够吃，看来美味的料理不管对于哪个国家的人来说都是美味的。

大家边吃边谈时那种和谐欢乐的气氛让人甚至感受不到国界的存在。我也由此发现，家庭宴会是超越国界拉近大家距离的最简单易行的办法。

我之所以讲这些自己的"光荣历史"是有原因的。在旅途中与外国人友好相处可以了解到那个国家的文化和风俗习惯。正如前文中提到过的一样，大儿子的人际交往圈子变大让他开阔了视野。如果我年轻的时候也能有这样的经历我就可以用更开阔的视野进行育儿教育。

**有位朋友为了让孩子的视野扩展到世界范围，她家客厅常年摆放全世界各个国家的旅游指南手册。**

这样孩子自然就对外国文化产生了兴趣，最终她的孩子成了熟知世界史和日本史、喜欢学习的人。相比之下我只给孩子摆了个地球仪而已。

如果我现在再做育儿教育我绝不强迫孩子学什么。钢琴也好书法也好美术也好，如果本人不想学我绝不强迫。

我会让孩子在旅游和游玩的时候积累多种多样的经历，**教育孩子理论不能脱离实际，让孩子拥有脚踏实地的想法和宽阔的视野。摆脱半径100米的局限性，培养孩子拥有广阔的世界观。**

不管对方是哪国人，丰富的世界观是建立人际关系不可或缺的财富。

**Ⅱ　寻找适合自己的路**

# 5.　支持孩子"感兴趣的事情"

## ——喜欢才有干劲儿

问卷调查结果

---

**只要孩子有兴趣就让他参与**

从小时候起我感兴趣的所有事情比如钢琴、游泳、珠算、书法等等父母都让我参与。

在准备大学考试阶段父母还经常到我房间送饮料和食物，在精神上给予我很大的支援，让我感受到了他们对我深厚的爱。孩子感兴趣的事情父母一定要让孩子参与。

（东京大学研究生学院工学系研究科　Ｉ同学）

---

---

### "体验主义" 的教育方针很好

父母让我尽可能地参与自己感兴趣的事情，这种体验主义的教育方针对我的人格形成有很大的影响。在学什么的问题上不但没有强迫，反而让我自由体验体育、音乐、艺术等我感兴趣的所有事情。

（东京大学研究生学院工学系研究科　H同学）

---

### 父母从不强迫我学习、鼓励我发展自己的兴趣

我的父母对我感兴趣的所有事情毫不吝惜地投资。比如上小学的时候我对身边发生的自然现象觉得很不可思议，于是他们就给我买了很多简单易懂的解释自然现象的书。他们从没有强迫我学习或者加入哪个社团，总是无限制地满足我想做的所有事情。

（庆应义塾大学研究生学院理工研究科　K同学）

---

## 在专注于自己喜欢的事情的同时会产生 "积极性"

——了解自己 "喜欢什么" 的人很强大

孩子在尽情探索自己喜欢的领域的同时会获得很多额外的知识。从本次调查问卷的学生家庭可以看出，父母对孩子学生时代感兴趣的事情总能给予无条

件的支援。这一点就连我自己也没有做到。

大儿子武贵对生物表现出的好奇心在幼儿时期就比常人强烈，这种热情是孩子各方面成长的原动力。

在他不满1岁还不会走路的时候，他就总是在学步车里伸个脖子不厌其烦地看奶奶养的孔雀鱼。

他一点也不喜欢绘画书，但是在他还不认识字的时候却能记住一本厚厚的图鉴中所有怪兽和热带鱼的名字。当时大家特别高兴家里出了个神童。

在他上大学离开家之前养了10多种小动物，有蝾螈还有我连名字都记不住的罕见乌龟。这些小动物都是他瞒着我带回来的，等我发现的时候他已经养出了感情，我也没法把它们撵出家门了。

我经常训斥他"自己的事情都弄不好怎么可能养好小宠物"，为了尽量不让我生气他总是很努力地热心照顾小动物们。

后来我才意识到**孩子感兴趣和热衷的事情即便跟学校教科书和学才艺不发生任何关系，父母也应该表示热烈欢迎**。

通过饲养小动物儿子切身地明白了生命是有限的。我之前很害怕狗和小动物，但在相处过程中却渐渐觉得他们越来越可爱，大儿子也**在饲养宠物的过程中培养出了对动物的爱心**。

另外**在饲养宠物的过程中他还学到了自主性和责任感**。我平时对孩子过度保护，他甚至除了筷子之外没拿过别的任何东西。但是在照顾宠物方面无论如何我是肯定不会帮忙的（因为我很害怕动物），从买宠物粮食到打扫宠物窝全部由他一个人负责任地完成，因为如果他不做的话，那么这些他最喜欢的小动物们就活不下去。

如果他不学习天天跟宠物玩儿，我就会大发雷霆。所以为了能在我面前堂堂正正地养宠物他总是先写作业，在学习上表现得很积极。所有的小宠物最终都是寿终正寝，所以可以看出他把小宠物们照顾得非常好。

现在即便他没有时间整理屋子，也一定会毫不懈怠地给屋里的观叶植物浇水，把花盆挪到光照好的地方。他说自己对"有生命的东西"总是特别花心思。

即使在重要考试的前一天，他也要花半天的时间来打扫热带鱼的鱼缸，我真是急得看不下去，但是也许正是因为有这份乐趣才能帮助他顺利度过那段枯燥的备考时光吧。

虽然他的兴趣最终没有成为他长大后的职业，但是会作为兴趣陪伴他一辈子。

在我们的人生中，有很多事就算不喜欢也不得不去做。所以**尽可能地让孩子去尝试他们感兴趣的和想做的事情吧。**

在孩子"专注于自己喜欢的事情"的同时不仅可以培养积极性、自主性、责任感，还会扩大人际圈子收获各种各样意外的惊喜。

最重要的是孩子专注于自己喜欢的事情会让他在这个领域懂得比谁都多，自然而然就会对自己产生自信，启发孩子找到适合自己的职业。

# 6. 挖掘隐藏的才能，对 "原石" 予以雕琢

## ——未经加工的宝石只是普通的石头

问卷调查结果

**希望父母能在孩子感兴趣的事情上给予 "援助"**

希望父母能在我感兴趣并付出努力的事情上为我提供相关信息。我从小就对科学有兴趣，希望能从事跟科学相关的工作。但是当时我并不知道还有专门面向对科学有特殊天分的小孩的学校和研讨会。直到上大学接触尖端科学的时候我才第一次听说。如果父母能早点告诉我的话我想我一定会比现在了解更多的知识和拥有更多的经验。

我家基本上什么事情都让我自己决定，但是在孩子感兴趣的事情上，希望父母**即便强迫也要让孩子深入学习**。对体验过的事情中孩子表示出好感的，家长应该作为特长进行深入式培养。

（东京医科牙科大学研究生学院生命信息科学教育部　S同学）

**父母帮助我在擅长领域里进一步发展**

在我的学习问题上父母从来不发表任何意见，不过**他们好像知道我对理科感兴趣，市里有什么样的理科活动他们总会一个不漏地告诉我**。他们支持我感兴趣的事情，这加深了家长和孩子之间的纽带关系。通过发展擅长领域让我有了很大的自信，让我在别的领域里也变得积极主动起来。

（东京工业大学工学系经营系统工学科　F同学）

# 孩子对"兴趣的追求"与未来的工作息息相关

——让孩子在擅长的领域里发展

如果想把孩子这块"原石"打磨成"钻石"，最重要的就是对孩子表现出很感兴趣的事情给予全方位的支援。关于家长支持的重要性在第三章"培养毅力"这个专题中我会进行详细阐述，总之家长的支持是孩子强大的动力源泉、是行动得以继续的力量。

我就没能有效地利用孩子的好奇心。大儿子无论去哪都把那本厚厚的动物图鉴带在身上，在他把书翻得几乎烂掉的时候，**如果我给他买很多生物图鉴以及生物方面的书，他或许会变得非常喜欢读书或者成为生物博士**，我真后悔我当时没有那么做。

之后他在家里书架上找到的都是姐姐们看过的童话书，但他丝毫不感兴趣，或许一个天才就此被扼杀了吧。

所以真心希望各位家长能采纳调查问卷中提出的**"在孩子感兴趣的事情上，希望父母即便强迫也要让孩子深入学习"**这条意见。即使现在大家公认的名人，如果没有父母的帮助，他们的才能也不会得到绽放。

著名小提琴演奏家五屿岛嶋绿的母亲就是一位小提琴演奏家，为了让年幼女儿的才能得到更好的发展，她不顾身边所有人的反对毅然将五嶋绿带到美国接受英才教育，最终成功让女儿也成为小提琴演奏家。

同为小提琴演奏家的郑京和，她的姐姐是大提琴演奏家，弟弟是在国际上有享有盛誉的乐团指挥。她们的母亲靠经营一家小餐馆把她们送到国外留学，这才让孩子们的才能得以绽放。盲人钢琴家辻井伸行的母亲虽然完全不懂音乐，但是她在听儿子弹电子琴时发现了儿子的绝对音感，于是一页一页地翻电话本给儿子找了钢琴老师，这才有了今天的辻井伸行。大江健三郎"发现"智障的儿子能区分鸟叫声并对古典音乐感兴趣，最后成功引导儿子成为作曲家。

上述的所有事例中，除五嶋绿以外的家长都不是相关领域的专家，但是却发现了孩子的特殊才能，并且最终帮助孩子取得了成功。**如果没有家长执着的引导恐怕"原石"永远不会被人发现。**

另外，在调查问卷中学生也提出父母支持孩子发展自己的兴趣爱好有利于加深家长与孩子之间的纽带关系。

家长总是会不自觉地将自己未完成的梦想寄托于孩子，或者企图让孩子继承自己的事业。但家长首先应该先注意到孩子的兴趣爱好并给予相关支持。

**没有什么比可以不断追求自己喜欢的事情更让人感到幸福。**这种追求一般会持续一生，并往往与从事的工作相关联。作为家长应该激发孩子的优秀才能，做个能支持孩子的兴趣爱好，并且能引导孩子发展的家长。

## 本章要点

### 帮助孩子扩展视野，给他更多的选择，
### 让孩子在擅长的领域里充分发挥自己的才能

第二章主要讲述在刺激孩子的好奇心，让孩子体会到知识带来的满足感，扩展孩子的视野，以及让他最终找到适合自己的工作方面，家长帮助的重要性。

想从事自己喜欢的工作首先应该在年轻的时候接触丰富的信息，了解自己的喜好，清楚自己的优缺点，也就是说"了解自己"尤为重要。

在多种经历中加深对自己的了解，哪怕在众多选项中选的不是最好的，但只要符合自己的兴趣和长处，我认为这也属于找到了适合自己的工作。

幸福人生的根本并不是从事让别人羡慕的工作。能够扩展视野、了解自己、了解世界、让自己开心、喜欢并且能让大家开心，从事这样的工作才是真正的幸福。

为了能让孩子找到适合自己的职业，家长应该怎么做呢？接下来让我们一起来复习一下本章的内容吧。

### 开阔眼界

❶ 开阔眼界、刺激孩子的求知欲

你是否帮助孩子开阔眼界？家长应该刺激孩子的求知欲、让他感受到知识带来的满足感。让孩子自由成长很容易导致孩子的视野狭窄。

❷　通过读书来增长见闻，养成学习习惯

你的孩子养成读书的习惯了吗？一旦养成了读书习惯，孩子就会主动开阔眼界、养成学习习惯。

❸　阅读"喜欢的书"，让读书成为习惯

你有没有让孩子自由阅读他喜欢的书籍？哪怕有些书在大人眼里看来很无聊，但是让孩子接触书并享受读书的乐趣很重要。

❹　在现实环境中开阔眼界

你有没有让孩子的视野扩展到世界范围？让孩子接触多种多样的观点和价值观，孩子自然就想把自己的活动扩大到世界范围。

## 寻找自己适合的路

❺　支持孩子"感兴趣的事情"

你有没有支持孩子发展自己的兴趣爱好并给予支援？孩子在追求自己兴趣爱好的同时会培养责任感和自主性等各种各样的能力。

❻　挖掘隐藏的才能，对"原石"予以雕琢

你发觉到孩子的天性并予以雕琢了吗？著名的艺术家与运动员成功的背后都离不开家长的努力，家长和孩子互相配合才能让孩子找到最适合自己的职业。

第三章

# 培养孩子坚持到底的"意志力"

让孩子敢于直面挑战，不轻言放弃

# "动机与毅力"比"聪明"更重要

写在本章之前——金武贵

宾夕法尼亚大学的安吉拉·杜克沃斯是目前在全世界都广受关注的心理学教授之一，她之所以能够一夜成名是因为她提出"成功需要意志力（有强烈的动机能实现长远目标的、坚持到底的力量）"。种种调查都表明，**决定人生成功的关键既不是学习能力也不是智力水平，而是能实现长远目标的力量。**

环顾我周围的成功人士，当他们想做一件事的时候，在目标达成之前无论如何都绝不会放弃。

**我认为"坚持到底不放弃"的精神是判断一流工作能力和二流工作能力的分水岭。**在我曾经工作过的香港和新加坡的金融圈里，当公司快要倒闭的时候有人马上就举起白旗投降、开启战败处理模式，有人则认为"现在才是见证真本领的时候"，挽起袖子充满斗志进入临战准备。

一流的领导不会因周围的影响而有丝毫动摇，他们会认为"这点儿困难是不可避免的"，无论什么时候总能做到从容不迫。

当然不是说无论如何都一定要在一场败仗中坚持到底，做好遇到不利情况就随时撤退的准备也是必要的。但是在周围都悲观地认为"已经无药可救了"并且决定放弃的时候，一流的领导却有勇气积极面对并提高士气，在精神上不倒。用一句话来概括就是人们对**"这个人肯定不会放弃，一定会努力坚持到最后"的"达成能力"有很强的信赖感。**

　　但是抗压能力差的偏差值精英就做不到。在新加坡的时候，亚洲某国的最高学府的首席毕业生GMAT800分（MBA的笔答试卷满分），是某MBB（麦肯锡、波士顿管理咨询集团、贝恩公司）的首席咨询顾问，我曾与他共事过一段时间。可能他人生过于一帆风顺所以缺乏胆识魄力，所以经常经不住对方的煽动而左摇右摆，非常不擅长谈判，这令我感到十分惊讶。

　　那么如何培养意志力，应该在孩子幼年时期采取什么样的家庭教育？我将本书的调查问卷中提出的众多意见整理如下。

**调动孩子的积极性**

❶　调动积极性的秘诀是"让孩子参与挑战"

❷　成为孩子的后援团

❸　告诉孩子你对他的期望

**全力以赴、坚持到底**

❹　确认孩子是"认真的"再进行投资

❺　如果孩子做得不够认真，就应该给予批评

❻　不半途而废

❼　学会"战胜失败"

　　首先第一点"让孩子主动参与挑战"与第一章提到的"主体性"有很大关系，也是刺激孩子产生积极性的重中之重。获得成功的伟大领导当被问到是什么契机开始创业的，他们绝大多数人的回答是**因为自己想做，自己是"做事主动的人"**，而不是因为谁让他们做他们才做的。

　　像史蒂夫·乔布斯和马克·扎克伯格、孙正义都不是"在高中好友的邀请下才开始创业……"这样以被动的动机开创事业的。绝大部分的成功者都有一个共同点，那就是内心有强烈的热情勇于主动面对挑战，正因为这样才能"无论如何都要坚持到底"。

　　自己决定的事情一定会认真对待并竭尽全力。自己想做的事情在目标实现之前绝不会轻易放弃。**本章将大量介绍关于培养贯彻初衷的持久力方面的家庭教育事例。**

　　最后我想强调的是，培养"意志力"最重要的是要有"即使失败也不放弃并振作起来的力量"。只要参与挑战就肯定会有失败的概率，畏惧失败不敢参与挑战的人不会成长。

　　与此相反，即使失败了也不灰心气馁，善于在失败中总结经验教训的人会把失败当成成长的粮食从而获得进一步的成长。

　　"坚持到底不放弃"的意志力对人生的影响之大远远大于智商和学历对人生的影响。

　　"意志力"可谓"人生成功"必不可少的资质。接下来让我们和南瓜夫人一起从丰富的案例中学习吧。

**❶　调动孩子的积极性**

## 1.　调动积极性的秘诀是"让孩子参与挑战"

——挑战使孩子成长

📝问卷调查结果

**父母给我创造了主动参与挑战的机会**

　　我的父母对我采取放养政策，他们从没命令过我学习，而且建议我多参与自己喜欢和感兴趣的挑战。

　　正是这样的教育方针让我时刻保持目标意识，无论什么挑战都能竭尽全力。

　　在参与挑战的过程中我提高了积极性，养成了不服输的精神，尤其是绝不能输给自己，**建立了强烈的信念："坚决不放弃""一定要完成目标"**。即便失败也不将责任归咎于别人，我会自我反省，并把在失败中总结的经验教训应用到下次挑战中，渐渐地我变得越来越强大。

（东京大学研究生学院工学系研究科　Y同学）

> **因为是自己提出想尝试的，所以能坚持长久**
>
> 父母的教育方针是"让我尝试各种各样的事情"。具体来说就是让我尽情参与芭蕾、钢琴、书法、声乐、日本舞蹈、爵士等练习，因为这些都是我特别感兴趣自己提出要尝试的，所以无论哪一项都坚持了很长时间。

## 正因为是"自己主动提出的"所以才能竭尽全力

——拙劣的炮手不论打多少发都打不中目标

调动积极性最有效的办法就是让孩子主动决定参与挑战，**让孩子做"谁先说谁先做的提议人"**。这与第一章中"让孩子自己建立目标来培养主体性"有相似之处，但自主建立目标不仅能培养主体性，更对养成"坚持到底的力量"有很大影响。

对于家长决定的技能课有些孩子根本无法集中精力也坚持不下去。正如前文中提到过的一样，我家根本不考虑本人是否感兴趣，我总是一厢情愿地将自己的想法强加于孩子，让他们每周去上四五节课，现在想来我真是做的有点儿过分了。

结果不但没有培养出孩子的挑战精神，两个儿子总觉得自己是"被强迫去上课"。后来他们跟我说自己干什么都很被动，一直认为学习就是给父母学的，我当时真是大吃一惊。

特别是4个姐弟中最没有毅力又注意力散漫的大儿子，由于我之前对他过度保护的缘故，**以至于他上了初中之后仍然没有培养出自主性和上进心。**

在他开始写作的时候才终于摆脱了我过度保护所带来的束缚。现在他是姐弟几个中读书最多的人，热衷于将自己的经验和学到的事情向多方传播。

**当他确定目标后朝着目标努力时的集中度，我就连从旁看着都觉得累。**这时我肯定不会去打扰他。

小儿子上中学后，刚一从我的过度保护和过分干涉之中解放出来就马上华丽转身成为自己人生的主角。之前我也提过，他先进入柔道部，马上就取得了黑带，在无数的大赛上获胜。与此同时他把自己关在房间里学习的时间越来越多，后来我才知道原来他瞒着我们当时就决定到国外去读高中。有了这个决定之后他就开始自学英语，当他托福考过之后就跟我摊牌了，然后实现了自己留学的梦想。

根据以上的经验我不由得想到，不管我的两个儿子多么贪玩，我也应该和他们好好地沟通交流之后一起制定目标。如果我能够让他们自己制定目标并且为之努力，那么他们或许早就成为即便放任不管也会自主学习的努力型人才了吧。

结合众多的调查问卷的回答以及我自身的育儿经验我可以很肯定地说，**想提高孩子"坚持到最后的积极性"一定要"尊重孩子的意愿让孩子参与挑战"。**

不仔细思考就让孩子学这学那肯定坚持不下去，就好像一个拙劣的炮手不论打多少发都打不中目标一样。

# 2. 成为孩子的后援团

## ——支援孩子的挑战

问卷调查结果

---

### 父母经常支持我参与挑战

父母的教育方针是"经常支援我参与各项挑战"。无论是小学时的全国足球大赛还是高中时的交换留学，**对于我自己想参与的各项挑战父母不但给予金钱方面的援助还不断给予鼓励**。因此我在全国小学生足球大赛上取得了第一名，这种日常生活中得不到的经验对我自身价值观的形成起了非常大的作用。

（东京大学研究生学院　W同学）

---

### 父母努力帮我创造参与挑战的机会

**父母努力帮我寻找"参与挑战的机会"，培养了我强烈的上进心**。我感兴趣的，以及需要事前了解一下才能做决定的事情，绝大部分都是父母一点一点帮我实现的。

（大阪大学研究生学院工学研究科　I同学）

**父母阻止我去留学让我心存遗憾**

我父母的性格很保守，所以经常阻拦我的行动。高中的时候我提出想到国外留学一年，但是由于父母强烈反对，最终没能去留学。**如果当时能去留学，我想我的人生肯定跟现在不一样。**

孩子拥有无穷的潜力，希望父母不要扼杀孩子的可能性，支持孩子的选择。因为你不知道哪个机会能够改变孩子的一生。

（东京外国语大学　Y同学）

# 父母的支持是孩子积极努力的源泉

## ——父母见识浅薄会阻碍孩子的成长

父母的支持是培养孩子"坚持到底的力量"不可或缺的因素。孩子自己的意志力是有限的。在本次调查问卷中我们可以看出很多家长阻碍孩子参与跟考试学习不相关的一切事情。

**家长应该意识到自己浅薄的见识会阻碍孩子的成长。**

之前提过我家的小儿子在上高中二年级的时候突然提出要到国外留学。在我忙得无暇顾及孩子的时候他突然提出留学对我来说无疑是晴天霹雳。

他上的是初高中连读的学校，他的哥哥姐姐们也都是走读上学没有住校的，因为我还没做好他要离开家的心理准备所以当时强烈反对。但是他拼命学习英语并通过了留学必需的英语考试，就连留学手续也全部自己办理好了，所以我最后只好做出让步。

把小儿子送到京都站，看着他乘坐的"遥"号新干线渐渐驶离我的视线，我的眼泪不禁噼里啪啦地滚掉下来。回家之后我就对三个大孩子一通乱发脾气"肯定是你们三个欺负弟弟所以他才离开家的"，那段时间里无论是看小儿子的房间还是去超市，甚至连工作的时候我都会突然掉眼泪。

我梦想着等小儿子高中或者大学毕业回家之后我一定要尽全力补偿他扮演一个温柔的母亲，但是小儿子从那以后一直在美国读大学、读研究生然后参加工作，再也没有回家跟我一起生活。

那是电脑和手机还没有普及的时代，只能通过房东家的座机和小儿子简单聊聊或者写信来联系，真是让人着急。但是因为留学是儿子自己提出来的，所以他在学习上非常努力。

我认为小儿子没有持之以恒的精神，但是现在回想起来才发现是我错了。**他对自己做出的选择不但果敢并且负责任地坚持到了最后。**如果当时我仅仅是因为自己还没做好心理准备就对儿子留学一事反对到底的话会怎么样，想想我都觉得后怕。

从我家的事例可以看出，就算一开始反对孩子参与挑战，但是在孩子下定决心后家长如果给予强烈的支持，孩子就能有责任地贯穿始终。也就是说**哪怕起初反对，但是最终相信孩子并给予支援也能提高孩子的积极性。**

在此想给那些不理解孩子的家长一些忠告。对于孩子走在父母的前面不断参与挑战一事，父母应该给予支援，否则你会毁了孩子的一生，到时候后悔也来不及了。

# 3. 告诉孩子你对他的期望

## ——把握尺度注意不要让期望变成孩子沉重的负担

问卷调查结果

---

**为了回应父母的期望所以才能这么努力**

父母让我知道他们对我的期望，正是这样的教育方针才有了今天的我。**为了不辜负别人的期待我总能不懈努力。**

我的父母都上班，是奶奶把我带大的，我想回应奶奶对我的期待，想得到奶奶的表扬，所以每次考试我都非常努力检查有没有错误。上课时老师提问如果没有人回答我肯定会举手回答，因为我觉得没人回答的话老师一定会很为难。

就像这样顾及别人的感受，理解对方的需求并做出适当的举动，所以我深得家人、老师和朋友的信赖，他们越信赖我就越想回应他们，所以总能不懈地努力。

但是我也希望大家不要对我过分寄予期望。因为**我害怕辜负别人的期望**。我觉得一旦辜负了别人的期望就会被抛弃。所以，虽然期望是激发我积极努力的动力，但同时也剥夺了我的自由和时间。

（东京大学法学部　T同学）

---

# 让孩子怀抱梦想、对孩子给予期待

——让孩子努力的"正面期望"与成为孩子负担的"负面期望"

父母对孩子的期望是一种爱的形式，孩子想回应这份期待所以才能不断努力。

获得诺贝尔奖的山中伸弥教授在记者招待会上曾含泪述说能向80多岁的母亲亲自汇报自己得奖的事情真是太好了。而那些已经没有父母的人则常说"最替你高兴的那个人不在了，不知道今后到底该为了什么目的而努力"。

每个父母都希望看到孩子活跃的身影、希望孩子获得名誉和成功，如果家长对孩子没有"期望"那才让人担心。

像刚才那个学生提到的让她感到害怕的期望很有问题，归根结底期待值与传达期待的方法是问题的关键。

**无论自己取得了多么优秀的成绩父母都没有表扬甚至连开心的表情都没有，调查问卷中的很多学生都对这点表示不满。**至少在取得好成绩的时候父母给予适当的表扬或者表示高兴，会让孩子觉得更开心、自己的努力更有价值。难道每位家长都不善于用表情来表达自己的感情或者不擅长表扬别人吗？

我家孩子的爸爸在孩子出生的时候就对孩子给予了过度的期望，**"不知道这个小儿子将来能当博士呢还是大臣呢或者是总统呢"**。而且说这话的时候孩子爸爸特别认真，我担心如果将来孩子无法回应爸爸的期望（事实上这样考虑才比较现实），爸爸该多么失望。

所以为了牵制丈夫我常常说"与其被期望压垮，不如让孩子健康成长只要中上等就可以了"，但是我每次都会遭到丈夫的批评，他认为如果不让孩子拥有梦想，不对孩子给予期待，只负责孩子温饱的话根本不需要家长谁都能够做到。但实际上我只是想强调"期望的程度"而已。

还有一种家长，完全不考虑孩子的特点，强迫孩子"无论如何都要当医生或者律师"，结果导致孩子几次都没有考中，我就认识几位这样的学生。

孩子为了回应家长的期望在参与挑战的过程中都很顺从听话，但是**一旦没有取得预期的结果，势必亲子关系会出现严重的裂痕**。

有的孩子把没有取得预期结果的原因归咎于家长、也有的孩子因为没能回应父母的期望所以变得自暴自弃，无疑都是人间惨剧。

出于家长陈旧的价值观或者顾忌自己的体面，无视孩子的特点而将期望强加于孩子，这种期望对孩子来说无疑是沉重的负担。

因此，充分考虑孩子的资质才能，**让孩子在感受到父母的爱的前提下对孩子给予适度的期待是孩子强大动力的源泉**。这时你尽可以毫无保留地对孩子给予期待给予表扬。

**Ⅱ** 全力以赴、坚持到底

# 4. 确认孩子是 "认真的" 再进行投资
## ——不让大把的教育费浪费或出现反作用

📝 问卷调查结果

> **看清孩子是不是认真的**
>
> 　　我的父亲非常支持我，因为不知道孩子在哪个领域有自己的特殊才能和天分，所以父亲不放过任何一个机会总是尽力帮我搜取各个方面的资料来引导我，并在金钱上给予无条件的支援。
>
> 　　但是，**无条件的金钱支援不是指无节制无计划地乱花钱。**父亲每次都会和我确认是不是真的想这样做，有没有意志坚持下去，然后才做决定。
>
> 　　　　　　　　　　　　　（东京大学教养学部　I同学）

**必须用认真的态度学习**

　　我的父母在年轻的时候都学过钢琴，所以对我学习小提琴这件事特别上心。有段时间为了让我去上一位我特别仰慕的小提琴老师的课，光单程就要花费2小时的时间通勤并且一节课要花5万日元。父母半开玩笑地说"光是接送你去上课就要花掉我们大量的时间，再加上学费真是太贵了"，所以他们问我"你是真的特别想跟这位老师学习吗"，以此来**确认我的认真程度**。

　　当时我还是对金钱没有什么概念的年纪，但是我认识到如果我不用认真的态度来学习的话肯定是行不通的，所以我变得更加努力。最终我跟随那位老师学习了1年时间，我非常感谢我的父母。

　　　　　　　　　　　　　　　　　　　　（庆应义塾大学　S同学）

# 如果孩子没有坚强的决心学习，
# 再多的教育费都是白搭

　　　　　　　　　　　　　　　　——补习班"有意义"吗？

　　很多家长在"对孩子好的"教育上都不吝惜花钱，但是许多时候流水般的教育花费最终不是白搭就是起了反作用。

　　如果你连补习班和学校需要什么样的参考书都不知道，在孩子要钱的时候立刻掏钱的做法实在不算明智。交给孩子的钱有没有按照他说的目的使用，**孩子有没有对你付出的金钱投资做出相应的努力**，这些都需要家长一一确认。即便家长认为"我家孩子可以相信"，但是这世上充满了各种巧妙的诱惑，绝大部分的孩子还没有能力合理安排金钱的花销。

在第二章中我提到过开阔孩子的视野首先应该从支持他的兴趣爱好开始。受家庭条件的制约，在打算深入发展孩子兴趣的时候一定要**先考验孩子的认真程度后再予以支援**。

有个朋友她有3个孩子，其中有一个孩子主动提出想学小提琴。于是朋友就拜托小提琴老师"在半年时间里，请你鉴别一下这个孩子是否有小提琴的才能，或者孩子是否全力以赴"。

很多家长因为"自己小时候想学却没有学到所以就让孩子去学"，因为"邻居的孩子在学所以让自己孩子也去学"等无聊的理由让孩子参加特长班。

但是我的朋友首先向孩子和老师表明，如果孩子不努力上课的话就不会继续支付学费。**这样一来她的女儿首先会产生出"如果自己不努力练习妈妈就不会让我继续学习"的危机意识**。最后她女儿小提琴学得特别努力，优秀得甚至可以考上艺术大学。

以上都是为了让孩子明白**"不管家庭多么富有，如果'孩子没有坚强的决心'家长就不会掏钱"**的事例。

在调查问卷中很多学生都回答说，应该在考验孩子的认真程度之后再对发展孩子的才能做出投资，这样的家长会对孩子今后的努力以及认真程度有很大的影响。

只是因为"对学习有帮助""有用"就无条件进行投资并不是家长的义务。我想强调的是，如果孩子没有坚强的决心，那么花再多的教育费都是白搭。

# 5. 如果孩子做得不够认真，就应该给予批评

## ——养成"全力以赴的习惯"

📝 问卷调查结果

---

### 每当我懈怠的时候就会遭到严厉的批评

我的父母对教育并不热心。

不过，现在回忆起来，我最感谢父母的地方就是**当我做某件事不够认真的时候，就会遭到他们严厉的批评**。比如我要是有一天偷懒没参加社团活动，肯定会被他们批评一顿。

我认为不管是体育运动也好还是学习也好，要想名列前茅需要的能力都是一样的。那就是"集中力""理论力""重复力""时间管理力"。要想拥有这些能力，就需要我们认真地去做每一件事。

我的父母在我上中学之前让我随心所欲地去做自己喜欢的事，并且在我懈怠的时候及时地对我进行批评，我非常感谢他们。

（庆应义熟大学经济学部　N同学）

---

---

**希望父母对我更加严格**

　　我的父母从不强迫我努力，甚至可以说对我的管理过于放松，这是我希望他们改善的地方。我现在认为，如果孩子总是从补习班逃课，那么**身为家长应该对孩子进行批评教育**。"把孩子放在满是优秀同伴的环境中促使孩子主动努力，不要强迫孩子。但如果孩子过于懈怠则应该及时给予提醒"非常重要。

　　　　　　　　（东京大学研究生学院新领域创成科学研究科　K同学）

---

# 孩子需要的不只是"对他好"

### ——有些事"不被父母训斥就记不住"

　　家长在支持孩子用于挑战的同时，还要在孩子出现懈怠的时候坚决地进行批评。**正因为家长支持了孩子的挑战，所以家长也对孩子拥有"发言权"和"管理义务"。**

　　在问卷调查中，很多学生表示"虽然我家采取的是自由放任的教育方针，但我希望家长能够在我懈怠的时候对我进行训斥"。

　　但在我家，因为我总是对孩子进行说教，所以我的话在孩子听来就像是已经熟悉得不能再熟悉的背景音乐一样，即便在关键时刻也起不到什么作用。

　　**家长必须要求孩子具有"努力、认真面对挑战"的态度。**一个在学习上认真的孩子，参加课外活动的时候也一样很积极。不管是因为对任何事都很认真才使人变得优秀，还是因为很优秀所以才对任何事都很认真，总之关键都在于"认真"。

通过问卷调查我们不难发现，孩子在参加社团活动的时候"如果认真努力就会得到家长的大力支援，如果不认真努力则会遭到严厉批评"，这种教育方法在培养孩子的"认真"态度时具有很大的作用。

正所谓以小见大，**如果孩子在参加社团活动的时候偷懒，那么这种习惯很有可能对他今后的人生都造成不好的影响。**从小就养成"偷懒也无所谓""没有别人优秀很正常"的认输习惯，和"我应该百尺竿头更进一步继续努力"的争胜习惯，将决定一个人的人生。

根据我的经验，拥有"做任何事都全力以赴的习惯"的人，不管在工作、生活还是兴趣爱好上都能够充分地发挥出他的才能，就连休闲娱乐的内容都丰富多彩，过着令人羡慕的人生。

学生时代认真努力地参加社团活动的经历非常重要。这能够培养孩子的进取心和集中力，结交优秀的朋友和竞争对手，更重要的是能够形成孩子在人生道路上积极主动的态度和习惯。

从问卷调查中我们可以看出，很多学生都认为**"正因为父母在我懈怠的时候对我进行了严厉的批评所以才有了今天的我"**，同时也有学生指出，当自己懈怠的时候父母没有对其进行及时的批评是父母的失职。

孩子需要的不只是父母对他好。当孩子缺乏集中力，对某些事情犹豫不决甚至产生懈怠的时候，父母应该充满爱心地对孩子进行严厉的批评和提醒。

# 6. 不半途而废

## ——不可养成半途而废的习惯

问卷调查结果

### 总是半途而废会形成一种"习惯"

我上小学的时候因为很好动，所以拜托父母让我上了游泳学校。我上的游泳学校有从24级到1级的排名，每个月会进行一次考试，如果考试合格就能够提升一级。我一路努力升到了2级，但是却在挑战1级的时候连续失败，于是我变得不愿意去游泳学校，对父母说我不想再继续学游泳了。

当时我的父母对我说**"如果你做事半途而废会养成这样的习惯，让你总是能很容易地找到自己的妥协点，最后变成一个不管做什么事都半途而废的人"**，没有同意我的退学请求。

于是本来就不服输的我在休息日的时候和父母一起来到市民游泳馆苦练自己不擅长的仰泳，最后终于在第三次考试中成功晋升1级，顺利地从游泳学校毕业了。我至今都清楚地记得当我拿到毕业证书时的那种成就感和满足感，没有退学坚持到最后真是太好了。

（青山学院大学经济学部　M同学）

**一旦开始就要坚持到最后**

　　我从5岁开始练习弹钢琴。一开始是和大家一起上大课，后来母亲根据我的水平，找来相应的老师来为我进行一对一的指导。有一次一位老师因为某些原因不能继续为我上课，**母亲想尽一切办法从很远的地方又找来一位老师顶替他，让我的学习没有中断**。正因为母亲这种大力的支持和坚决的态度，才让我养成了坚持到底的习惯。

（大阪大学　K同学）

# 坚持就是力量

——让容易放弃的孩子坚持到底

　　"养成绝不半途而废的习惯"，对于培养孩子"坚持到底的能力"和激发"潜能"具有决定性的作用。通过问卷调查我们可以发现，**有很多学生都感谢家长"没有让自己半途而废"**。

　　正所谓"只要功夫深，铁杵磨成针"、"坚持就是力量"。我的朋友樱（化名）是一位速记大师。她能够使用一种类似于阿拉伯文的符号，在别人说话的同时进行记录，这是一项非常了不起的技能。

　　她在上高中一年级的时候就已经具备很高的水平，经常在速记大赛上取得优异的成绩。可以说一提起速记大家首先想到的就是樱，而一提起樱大家都知道她是速记大师。

　　最初她是在父亲的建议下抱着试试看的轻松态度开始学习的，但学了一段时间之后随着难度的提高，她逐渐失去了对速记的兴趣。尽管她也好几次想要放弃，但每次她的父母都对她说"做任何事都要坚持，哪怕你不把铁杵磨成针，但至少把基础打好之后再说放弃吧"。因为她的父母态度十分坚决，没有丝毫的破绽，所以她觉得如果自己擅自放弃，那以后父母肯定不会再像以前那样倾听自己的诉求。

因为她的家庭条件非常优越，所以完全可以学习任何东西，但她的家长却只让她学速记。于是她就想着赶紧掌握了速记的基础，然后换个别的东西学学。

可是当她掌握了基础之后，也逐渐找到了速记的乐趣，并且在练习上开始熟练起来。她曾经表演过自己的这项技能，首先将我们的对话迅速地用符号记录下来，然后再将这些符号转变为日语，或许这不是非常华丽的特技，但正如我在第一章中提到过的那样，**"拥有一技之长的人特别有自信"**，所以她也因此变成了一个非常耀眼的存在。

"至少要打好基础"，父母这种坚决的意志和态度，成就了她坚持到底的自信和魅力。毫无疑问她在学业上也表现得非常优秀。

现在有不少孩子这个也学、那个也学，但却没有一个能够坚持长久，这**很容易使孩子养成半途而废的习惯**。

但如果家长只是对孩子说"不要养成半途而废的习惯，要坚持到底"，这样很没有说服力。要想让一个容易放弃的孩子坚持到底，需要家长自身拥有极强的意志力。

樱的父亲对她说"至少也要打好基础"，其实就是告诉她，**哪怕想放弃，也要首先达成某种目标**。

当然，有时候也应该放弃那些确实不适合自己的事情，什么事都不能一概而论。

不过从基本上来说，还是应该在"不让孩子轻易放弃"的教育方针基础上，用具有说服力的理由来鼓励孩子坚持到底，这非常重要。在孩子小时候给他养成坚持到底的习惯，将会在他未来的人生道路上发挥出巨大的作用。

# 7. 学会"战胜失败"

## ——养成从失败中吸取教训的习惯

问卷调查结果

---

**就算失败也不生气，让孩子自己思考原因，帮助他自己战胜失败**

当我出现失败时，父母绝对不会生气，而是让我自己分析失败的原因。因此我养成了在失败时不气馁，而是思考解决办法的习惯。

小学时我很喜欢打篮球，当我在赛场上总是出现失误表现不佳的时候，父母从不会对我的失误进行批评，而是**鼓励我自己思考为什么会出现失误，应该怎样做才能减少失误**。当我采取对策的时候他们还会积极地对我提供帮助。比如在家里的墙壁上多做传球练习，当我说想练习篮下动作的时候他们就立刻给我准备了一个篮球框。

（东京大学经济学部　I同学）

---

**就算孩子失败了也不要感情用事对其进行打骂**

我的父母对于我的失败从不会进行责骂。当我做了错事或者与小伙伴打架的时候，父母总是会对我说"下次注意"。

**因为父母绝对不会责骂我，而且会对我自己没注意到的错误之处进行及时地提醒，所以每当我在学校遇到问题的时候，一定会回家告诉父母找他们商量。**这种就算我出现失败也不会遭到责骂的安全感，以及父母总是能够及时为我提供帮助的无条件的亲情，是我最感谢他们的地方。

（东京大学研究生学院　J同学）

# 不要斥责孩子的失败，让孩子思考失败的原因

——一味地斥责只会让孩子缩手缩脚，甚至为了逃避斥责而开始说谎

如果因为孩子的失败而大发雷霆，只会让孩子感到害怕，而不能从失败中学到任何东西。在问卷调查中我们发现，很多孩子都感谢家长**在自己失败的时候没有感情用事大发雷霆，而是将重点放在从失败中吸取经验教训上。**

每当提起"战胜失败"这个词的时候，我都会想起一个人。那就是我的朋友鬼怒川（化名）。他对家人非常严厉，是一个脾气暴躁的人。比如在一般的家庭中只是说一句"下次注意"就行了的错误，鬼怒川却会火冒三丈地大发雷

霆，就好像别人犯下了天大的错误一样。

他的家人都不理解他为什么会如此愤怒，甚至怀疑他是否对家人抱有强烈的怨恨。有一次鬼怒川家里出了点儿事，结果全家人都在暗地里达成了共识，在事情解决之前一定不能让鬼怒川知道。鬼怒川的这种激情型斥责不但让全家人都变得缩手缩脚，而且成了会说谎的人。

像鬼怒川这样感情用事一味进行斥责，只能培养出拼命想办法隐瞒失败的孩子。就算失败也不进行斥责，将重点放在错误本身上，帮助孩子想办法战胜失败，只有这样孩子才能够不害怕挑战，**通过不断地失败和尝试，掌握战胜失败的方法。**

在漫长的人生中，我们要不断地经历挑战，也难免会遇到失败。而我们面对失败的方法与习惯，将决定我们是否能够坚持到最后。

要想让孩子拥有"战胜失败的能力"，就绝对不能在孩子出现失败的时候对他大发雷霆使他变得缩手缩脚。应该在鼓励孩子不要失去自信的同时，**让孩子坦诚地接受失败，不隐瞒失败，自己思考失败的原因。**

像这样从失败中吸取经验，就能够培养出孩子"战胜失败坚持到底的能力"。

**本章要点**

# 即使失败也不轻言放弃的人最终一定会成功

——坚持不懈的谏言

　　某纪录节目详细地介绍了日本首屈一指的心脏外科医生天野笃的事情。天野医生复读3次才考进一所"称不上一流"的医科大学，毕业后想留在医疗部却遭到了拒绝，在哪里都找不到工作。如果换了普通人的话，大概早就放弃医学寻找别的出路了吧。

　　天野医生经过再三恳求终于进入一家医院工作，并且以这家医院为起点，拜托许多堪称为名医的前辈们允许他参观对方的外科手术。尽管他的这种做法引起院方的不满导致他遭到解雇，但他仍然坚持成为外科医生的梦想，不断地提高自己的医疗技术水平。他的座右铭就是"一心一意"。

　　据说天野医生的父亲患有心脏病，他努力的动机之一就是想要亲手治好父亲的疾病。如果天野医生对于成为外科医生没有这么强的动机，恐怕他不会坚持复读3年也要报考医科大学，更不可能在成为医生之后所面临的逆境中坚持下来吧。

　　对于将逆境看作理所当然的生存环境，并且拥有极强动机的天野医生来说，失败是必须战胜的东西，而不是气馁的对象。他还说自己并没有满足于现在的地位，将来还要继续面对更多的挑战，更进一步地提高自己的技术水平。

　　或许有人天生就拥有很强的能力，稍微努力便能够考上理想的学校或者从事自己喜欢的工作，但对于绝大多数能力平平的普通人来说，只能选择"决不放弃坚持到底"这条道路。

因此，"强大的动机"和"自己能行"的自信是实现目标的重要基础。

从堪称为"毅力"象征的天野医生的事例中，我们最应该学习的就是坚持到底，即便摔倒了也要爬起来继续前进的顽强意志力。

那么，接下来让我们再次回顾一下本章中讨论过的如何培养"毅力"的重点内容吧。

### 调动孩子的积极性

❶ 调动积极性的秘诀是"让孩子参与挑战"

你是否让孩子自己选择挑战的对象？只有对自己感兴趣的事情主动开始尝试，才能有坚持到最后的持续力。

❷ 成为孩子的后援团

对孩子的挑战，你是否给予了足够的援助？当孩子进行挑战的时候，父母在物质和精神两方面的支援，对孩子是否能够坚持具有决定性的作用。

❸ 告诉孩子你对他的期望

你是否告诉孩子你对他的期待？虽然过度的期待会给孩子造成太大的压力，但适当的期待会成为孩子努力的动力源泉。

### 全力以赴、坚持到底

❹ 确认孩子是"认真的"再进行投资

你在对孩子的挑战提供支援的时候，是否毫无节制？如果孩子没有坚强的决心，再多的投资都是白费。

❺ 如果孩子做得不够认真，就应该给予批评

当孩子做事不够认真的时候，你是否及时地进行了批评？当孩子对自己决

定开始的事情出现懈怠的时候，家长必须坚决地给予批评。关键在于让孩子养成全力以赴的态度。

**❻ 不半途而废**

对于孩子半途而废的决定，你是否及时阻止？让孩子养成"不半途而废，坚持到底"的习惯，对于毅力的培养非常重要。

**❼ 学会"战胜失败"**

你是否帮助孩子战胜失败？如果因为孩子的失败就大发雷霆，那你的孩子只会变得缩手缩脚。结果孩子会变得为了隐瞒失败而说谎，却不会从失败之中学到任何东西。

第四章

# 磨炼一流的"沟通能力"

## 能够取得他人信赖的沟通能力的本质

# 养成理解对方，与人心灵相通的习惯

写在本章之前——金武贵

"管理顾问必不可少的交流能力，并不是指流畅的表达能力，而是能够理解客户意图的倾听能力"。

这是我在外资系战略管理顾问企业工作时，当时的社长对年轻的管理顾问们所说的话，也是让我受益匪浅的一句话。

或许很多人都认为管理顾问是条理清晰、口若悬河的表达大师。但实际上不只对于管理顾问，可以说**在所有的商业活动中，最基本的内容都是了解客户的需求**。

在交流中最重要的，是站在对方的视角和立场以及身处的环境之中进行思考，找出对方存在什么不满，想要了解什么内容，在对这些感情进行想象的基础上来理解对方的需求。

交流能力由会话力、书写力、倾听力、情感力等许多要素组成，其中**最重要也是最高级的交流能力就是"倾听并理解对方的能力"**。

比如夫妻吵架，如果不理解对方愤怒的原因，只是一味地强调自己的观点，那么夫妻之间的感情怎么可能会和睦呢。而且就算在争吵中战胜了对方，又能够解决什么问题呢？每次争吵的结果只会增加双方的猜忌、愤怒和憎恨，最终导致婚姻破裂。

在商业活动中也是一样。不去把握顾客的需求，只是一味地强调自己商品的特性，不但不能够引发顾客的共鸣，甚至还会惹人厌烦。**这就像在北极卖冰箱一样，事实上这样做的人不在少数。**

虽然是老生常谈，但我们不能一味地只强调自己的意见和主张，而是应该把握对方的需求，这样才能够找到解决问题的办法。

当然，表达能力也是非常重要的交流能力。但在说话之前，如果没有理解对方的需求、困扰、关心的内容以及价值观的话，那么**不管你发表的论点多么鲜明，都不可能引发对方的共鸣，难得的"表达能力"也浪费了。**

不管是夫妻吵架还是在商业活动现场，甚至在国与国之间的外交，交流的本质都是相同的。

关键在于离开自己的视角与论点，站在对方的视角与立场智商，在理解对方的感情、价值观、思维模式和事实认知的基础上，寻求共鸣、达成一致，这才是"一流的交流能力"。

回顾我在许多全球化企业之中工作的经历，那些**令人尊敬的领导，全都是拥有极强"交流能力"的人**。在本章之中，我们就将针对这种"交流能力"的构成要素进行讨论，思考培养"交流能力"的育儿方法。

在问卷调查中关于交流能力的回答包括以下内容。

**习惯沟通**

❶　让孩子参与"社交场合"

❷　养成"写作的习惯"

❸　让孩子从幼儿期就习惯外语教育

❹　成为值得孩子信赖的倾诉对象

**理解不同的观点、价值观、感情**

❺　积极地与孩子进行讨论

❻　不把家长的"价值观"强加于孩子

❼　不感情用事，批评的时候先讲明理由

**养成与人心灵相通的习惯**

❽　告诉孩子感谢的重要性

❾　站在对方的立场上考虑问题

❿　通过饲养宠物来培养孩子的爱心

在寻求共鸣的交流能力中最关键的一点是，即便在遭到反驳的时候也能够冷静地将其发展成具有建设性的讨论的"智慧的耐久性"。

二流的人在遇到不同意见的时候会感情用事一味反驳。

与之相对的，**一流的领导绝不会将自己的观点和价值观强加于人，而且拥有接纳对方意见的胸怀**。也正因为如此，一流的领导才能够将许多不同的意见统一起来，并且最终达成一致。

在交流能力中最重要的是"Perspective Taking"（换位思考），当与对方的视角、思维模式、价值观不同的时候，就应该站在对方的立场上进行思考。**换言之，就是"理解对方的想法和视角的能力"。**

英语里有句话叫作"Put your foot in his/her shoes"（把你的脚放在别人的鞋子里），意思是站在对方的立场上，（同意与否则另当别论）**用对方的视角和价值观来进行思考**，这是理解对方的交流能力中最重要的基础。

到目前为止我一直在强调理解对方的重要性，但只做到这些还称不上是值得信赖的交流。因为人类不只有理论和信息，还是感情生物。所以必须养成与他人心灵相通的习惯。

其中我最想强调的就是"养成感谢的习惯"的重要性。

得到他人的认可是人类最本质的欲望。虽然也有些人对于付出不求回报，但绝大多数的人还是希望自己的付出能够得到别人的感激。对于这样的人，你对他的付出表示感谢，他们会表现得更加努力，但如果你没有任何表示的话，他们可能会因此而火冒三丈。

如果你对小事都能够报以感谢之情，就会很容易赢得他人的信赖，使你的人际关系变得顺畅。**是否拥有一颗感恩的心，往往能够决定一个人成就的高度，善于感谢的人在任何方面都更容易得到他人的援助。**

对社会上的弱者应该抱有同情，能够体谅弱者的心情是在社会上取得广泛信赖的交流能力的基础。

其他还有高效地撰写理论文章的能力，能够建设性地改变对方行动的"激励能力"等，高超的交流能力的要素有很多，在本章中将为大家进行详细的描述。

那么，让我们和南瓜夫人一起来看一看为了培养出一流的交流能力，都需要怎样的家庭教育吧。

**Ⅰ　习惯沟通**

# 1. 让孩子参与"社交场合"

—— "熟悉"可以使孩子更善于交际

问卷调查结果

**让孩子体会到与他人构筑起良好关系的乐趣**

因为我的父母**经常在自己家里招待客人，还积极地与周围的邻居打交道**，因此我也自然而然地感受到与他人保持良好关系的乐趣和重要性。多亏这种经历，我在进入幼儿园、小学以及随后不断改变环境的过程中都能够顺利地适应。在我离开学校进入社会之后，虽然人际关系的交流方式发生了巨大的变化，但是仍然拥有站在他人的立场上进行思考的自信。

（大阪大学研究生学院工学研究科　Ⅰ同学）

### 除了家长之外很少接触他人，不善于与人交往

我认为"**从小就让孩子多与人接触**"对于培养交流能力和社交能力非常重要。由于我的父母都要上班，所以我小时候很少有机会和别人接触，结果在我上小学和中学的时候，一直因为自己不善于与人交往而苦恼。

而我那些从小就经常与别人接触的朋友则一点儿也不认生，好像很自然地就知道应该如何与大人交流，也知道什么样的行为是正确的。

（早稻田大学　T同学）

### 希望家长多给孩子创造与陌生人交流的机会

因为我很少有与陌生人交流的机会，所以我根本不知道应该如何与初次见面的人交流。后来当我上了中学和高中之后，才通过积极地与人交往和读书掌握了与陌生人交流的技能。

我希望家长能够多带孩子去参加娱乐活动，给孩子创造与他人交流的机会。

（东京大学T同学）

# 幼年时的交流经验将会影响一生

## ——让孩子参与大人的活动

在问卷调查中，很多学生都提出幼年时多与大人接触对今后的人生会产生很好的影响，根据我个人的经验，**多让孩子与大人接触确实能够极大地提高孩子的交流能力。**

如果让孩子从小就习惯与人交流，那么孩子就不会对与他人接触产生抵触情绪，即便是初次见面的人也不会感到害怕。

我家是个大家族，因为亲戚都生活在一起再加上各自朋友的造访，家里整天都非常热闹，一大家子聚在一起吃饭更是常有的事，可以说给孩子们创造了一个非常完美的与大人和他人接触的环境。再加上亲戚们都很喜欢孩子，所以孩子们从小就有许多与大人们交流的机会。

不知是否拜此所赐，我家的孩子从上幼儿园开始就是非常熟练的社交家。平时做游戏就是孩子王，幼儿园举行活动时也能够落落大方地进行表演。在学艺会上用临时的台词活跃会场气氛的还是我们家的孩子。

**不认生和不害怕是能够与陌生人交流的大前提**，在这一点上，我家的孩子可以说没费什么力气。

在随后的学习生活中，孩子又遇到了很多老师，结识了许多朋友，这更进一步地磨炼了他们的交流能力。其中参加交响乐团和篮球队等集体活动，还有培养团队合作与领导能力的效果。

　　或许会有人问，现在很多家庭都是三口之家，像这样的小家庭应该怎么锻炼孩子的交流能力呢？事实上，虽然我家是个大家族，但我仍然在不遗余力地给孩子创造与人接触的机会。

　　比如在幼儿园，我让孩子们参加了由老师们志愿组成的幼儿俱乐部。因为在这个俱乐部里，**孩子可以与许多小伙伴一起进行野营活动和旅行**。我的小儿子一开始很害怕去幼儿园，但在参加了俱乐部的活动回来后，很明显得到了许多成长。

　　孩子的生日宴会，至少要邀请10名，多的话最好能邀请全班同学来参加。这样其他同学过生日的时候也会邀请你的孩子参加，孩子自然会有更多的机会与朋友们加深交往。

　　小孩子之间经常会发生争执甚至打架，但**打架和争吵是了解人际关系规则的绝佳机会**。在这种时候家长就可以教育孩子"即便没有恶意，也不能强迫别人接受自己不喜欢的事"，但如果孩子不和别人多交流，恐怕就很难有学习这种经验的机会吧。

　　关于如何让孩子"不怯场"，我来介绍一个朋友家的例子，他**在家里招待客人的时候，每次都会让3个孩子一同就餐**。

　　他的想法是，"希望这样做可以使孩子不认生""让孩子也听一听大人之间的对话"。虽然现在连他最小的孩子都已经上大学了，他还仍然保持着这种习惯。

　　另外，他在接到别人邀请的时候，也会在征求对方意见的基础上，尽可能地带着孩子一同前往。或许是因为他的这种教育方针的作用吧，在他们来我家做客的时候，那3个孩子都是很好的倾听者。不但在大人说话的时候从不捣乱，而且也从没有表现出过不耐烦的态度。开心的时候他们会和大人一起笑，有疑问的时候他们也会很自然地进行提问。吃完饭进入大人们聊天的时间后，3个孩子也会根据聊天的话题主动提出"可以让我们再陪一会儿吗"，显得非常友善。让人不禁赞叹他们家的家庭教育真是非常成功。

现在有很多年轻人不善于和别人打招呼。虽然也有例外，但绝大多数情况下**造成孩子这种封闭性的原因都在家长身上**。所以身为家长应该在孩子小时候就让他与别人多接触，使其习惯与他人之间的交流。

# 2. 养成"写作的习惯"

## ——让孩子喜欢写作的秘诀

问卷调查结果

### 家长让我写很多的信

我的母亲很喜欢写信，所以从我小时候开始，她就让我给亲戚朋友写贺年卡和信件。因此每年正月的时候，我家门口的邮箱里都会塞满贺年卡。

**在每天都笔不离手的家长影响下我也喜欢上了写信**，后来我的作文一直很好，非常擅长写论文和报告。我非常感谢母亲使我养成了写作的习惯。

（庆应义熟大学综合政策学部　K同学）

# 多动笔就能够提高写作能力

###### ——如何让写信变成一种乐趣

提高孩子的交流能力中最重要的一环，就是让孩子养成写作的习惯。**引导孩子多写日记、读后感和信件，可以使其拥有条理清晰的表达能力。**

心理学的实验证明，动笔写字比在键盘上打字更能够刺激大脑的活动。

华盛顿大学的心理学家弗吉尼亚·巴宁格教授将接受实验的人群分为两组，一组用笔在纸上写字，另一组则用键盘打字，然后分别对两组人群的大脑活动进行调查，结果发现**用笔写字的一组大脑神经活动更加活跃，会产生更加丰富的想法。**

用笔在纸上写字不像用键盘打字那样可以轻而易举地修改，因此大脑必须全速运转，每一字每一句话都要经过深思熟虑，这样才能写出将信息清楚准确地传达给对方的文章。巴宁格教授认为，书写的过程会牢牢地印在大脑的记忆之中，这时候大脑所使用的思考力与创造力，与交流能力之间有直接的联系。

在我的朋友之中，那些**一直坚持用笔记录、喜欢写作的人，都拥有优秀的交流能力。**

那么，具体应该如何让孩子养成写作的习惯呢？

我家的孩子上小学的时候，学校要求学生们每天都以"老师、请听我说"为开头写一篇日记。

日记的内容写什么都行，哪怕是日常琐事也无所谓，因为**老师一定会在日**

记上做出肯定的批语，所以孩子们写日记的积极性非常高。

写读后感也有同样的效果。大女儿小时候，**我让她只需要将书的标题、作者、主人公的名字写在笔记本上，当作自己的读后感笔记**。因为怕给她增加负担，所以我从不强迫她写读后感，愿意写什么内容全由她自己决定。

就像孩子们都热衷于将幼儿园的出席簿贴满一样，看着自己的读后感笔记上的内容越来越多，也会使她产生出一种成就感。大女儿先是多写了围绕着主人公的其他登场人物的名字，后来逐渐地将自己的感想也写在上面。

为了让她对写信也产生兴趣，我买了很多带有可爱图案的信封和信纸，故意摆在她的书桌上面。于是她开始给表姐和朋友们写信，每当收到回信的时候会非常开心，变得越来越喜欢动笔了。后来她给某家大型报社的论文大赛投稿，获得了一等奖，那篇论文还被收录进出版的书籍之中。

如今她作为大学的教师，写作和讲话已经变成了她谋生的手段。

那么，如何提高孩子的写作能力呢？

**让孩子把自己的想法和书的主要内容写出来，养成写作的习惯**，对孩子的"写作能力"具有很大的影响。

我有一个朋友，他坚持与孩子交换日记。不管他多么繁忙，都会**对孩子日记中标点符号的错误和语法上的问题进行修改，并且还会认真仔细地写上感想与评论**，结果他的孩子的写作能力变得越来越强。

从孩子小时候起就让其养成写作的习惯，多写日记、信件和简单的读后感，对孩子日后交流能力的提高具有非常重要的作用。

# 3. 让孩子从幼儿期就习惯外语教育

## ——非常后悔在幼儿期时没有学习英语

问卷调查结果

---

### 希望能够在英语环境中成长

考虑到如今全球化的发展趋势，小时候要是能够在英语环境中成长的话效果一定非常显著。因为我生在日本，所以现在英语对话非常困难，如果能够从小生长在英语环境之中的话，**不但能够解决语言问题，还可以站在更加广阔的视角上看问题。**

（东京大学研究生学院工学系研究科　M同学）

---

### 从小就学习英语的孩子有竞争优势

与那些留学归来和从小就接受英语教育的朋友相比，**上中学开始才学英语的我很难超越他们的英语能力。**所以我觉得应该让孩子从小就在英语环境中成长，或者从幼儿园开始就学习英语。

（东京大学研究生学院经济学研究科金融系统专业　N同学）

# 不能以重视母语为借口逃避外语学习

## ——不懂英语会失去很多工作机会

问卷调查中有很多学生表示**希望能够从小就接受外语教育**，事实上现在幼儿时期的英语教育也确实非常火热。

不久之前有一位朋友带着自己正在念小学一年级的孩子来我家做客，这位朋友在中央官厅任职，虽然他们父子二人都是日本人，但相互之间却用英语交流。

我因为感到非常奇怪所以问了一下，结果得知这个孩子在一所全部科目都用英语授课的国际学校就读，而且在家也说英语。他的父母都精通英语，而且因为工作的关系深知英语的重要性，所以才决定让孩子从小就学习英语。

有一对在香港工作的韩国夫妇，也是出于同样的原因将孩子送进国际学校就读。

是否让孩子尽早接触英语教育，与家长的教育理念之间存在着很大的关系。

那些精通英语并且在世界范围内发挥才华的人，**大部分都认为应该让孩子尽早接受英语教育。**

英语早期教育派的人认为，应该趁着孩子的大脑对语言学习最敏感的时期，掌握标准的英语发音，让英语像母语一样成为孩子能够熟练掌握的语言。而主张在10岁之后再学习英语的人则认为，应该让孩子通过母语掌握细微的感情表现，然后再考虑英语发音之类的问题。

我个人认为，最好能够在熟练掌握母语的前提下尽早开始外语教育。虽然我家的孩子从结果上来说全都在欧美留学或者工作，但他们之中**最早出国的人英语发音和用法也最好，最晚出国的则相对较差，由此可见差距是确实存在的。**

在我的身边就有几个正在上幼儿园的孩子，因为参加了外教授课的英语补习班，所以能够用非常地道的英语发音来背诵英文诗歌。那些从小就学习英语的孩子到了上中学开始接触英语课本的时候，可以更进一步磨炼自己的英语能力。

当然，如果过于重视外语教育，但是却忽视了对母语的学习，导致思考能力发展缓慢那就是本末倒置了。不过，幼儿时期学习母语和学习外语绝对不是只能二选一的概念，母语和外语完全可以同时学习。

对于在职场中没有使用过英语的"上一代人"来说，绝对不能用自己陈旧的价值观来判断外语的重要性。在当今社会，**虽然掌握英语也不一定能够找到自己理想中的工作，但如果不懂英语的话则肯定找不到理想中的工作。**

顺带一提，对于我这一代人来说，提起外语或许指的就是英语，但现在学习汉语和印度尼西亚语等各种语言的重要性日益提高。所以，作为家长千万不要用自己陈旧的价值观来对孩子进行语言教育。

# 4. 成为值得孩子信赖的倾诉对象

## ——你了解孩子的烦恼和愿望吗?

问卷调查结果

### 父母经常与我进行交流

我很感谢父母的一点是,他们非常重视家人在一起的时光,经常与我进行交流。借此机会我会将烦恼向家长诉说,他们也给我提供了不少解决的建议,这让我养成了自主解决问题的习惯。

另外,他们还能够看我是否真正想做一件事,对于我真正想做的事会毫无保留地予以支持。或许正是因为我们之间进行了非常充分的交流,所以他们才能看出我的态度是否认真吧。

（萨斯喀彻温大学　M同学）

### 日常的亲密交流,让升学选择变得非常顺利

我经常与父母进行交流,因此不管是我要出国留学还是报考研究生,都能够顺利地做出决定。当我因为与朋友的人际关系而苦恼的时候,首选的商谈对象也是父母。不管他们是作为父母,还是作为人生的前辈,总是给我最大的鼓励。

（京都大学　T同学）

# 在孩子进入叛逆期之前建立起亲子间的信赖关系

## ——突然地提醒无法说服孩子

　　在培养孩子的交流能力时最重要的一点，就是建立起"让孩子对父母无所不谈"的信赖关系。在问卷调查之中，许多学生都对父母从小就和自己进行充分地交流这一点表示了感激之情。

　　要想成为在孩子遇到困难和烦恼的时候能够商谈的对象，就必须建立起让孩子对自己无所不谈的信赖关系。**在孩子的幼儿期通过父母的关怀和行动来建立这种信赖关系**是最理想的。

　　这种信赖关系不只局限于母子，父子之间的信赖关系也同样重要。

　　父子关系不佳的家庭，绝大多数都是**因为父亲工作繁忙，没有在孩子年幼的时候与其认真地交流**。如果在孩子年幼的时候亲子双方没有进行充分地交流，那么等孩子进入青春期之后，父母就会不知道应该如何与孩子交流，而孩子也会与父母产生出距离感，结果导致亲子关系变得紧张起来。

　　身为家长，在孩子误入歧途或者感到迷茫的时候，都应该想要对其进行纠正或者提供帮助。但对于青春期的孩子来说，或许无法理解父母的良苦用心。这就导致不管父母多么苦口婆心地说教，孩子都是无动于衷。

　　即便家长与孩子之间的思维方式和价值观都不同，但只要能够时刻保持沟通交流，那么总能在一定程度上达成共识。如果没有平时的交流，家长突然间要将自己的价值观强加于孩子身上，孩子肯定难以接受。有时候这种情况甚至会发展成为家庭暴力。

在我老家，认为孩子是"光着身子来的客人"。也就是说孩子在生下来的时候是纯真无邪的。孩子的性格、习惯、以及亲子关系，全都是由养育者决定的。

在孩子小的时候，**不能对孩子滥用权威摆家长架子，而应该用灵活的态度去理解孩子的世界**。要让孩子明白自己对于家长来说是多么重要的存在，并且通过日常生活中的交流来获取孩子的信赖，使家长成为孩子人生的前辈，这一点尤为重要。

不管父母多么想和孩子进行交流，一旦孩子进入青春期之后，就会开始认为父母"落伍了""很啰唆"，突然与父母拉开距离。

所以一定要在孩子的青春期之前，**构筑起"能够向父母倾诉任何问题""父母能够倾听自己的烦恼""父母能够理解自己"的信赖关系**，这对于培养孩子的交流能力，甚至加强家人之间的关系，都具有非常重要的作用。

**Ⅱ　理解不同的观点·价值观·感情**

# 5.　积极地与孩子进行讨论
### ——孩子会继承"家长的谈话水平"

问卷调查结果

---

**父母总是在餐桌上进行讨论**

　　我的父母都是搞艺术的，而且读过很多书，所以知识面很广。从我小的时候开始，**父母就总是在餐桌上和客厅中讨论文化与政治相关的问题**。我受他们的熏染，逐渐形成了自己的价值观和说话方式。

（京都大学经济学部　M同学）

**希望父母能积极地与我进行讨论**

　　我的父母很少与孩子一起思考或者讨论事情。或许因为他们的教育方针是"让孩子自己思考和行动"吧，但我觉得在关于历史和社会等许多事情上，父母最好能多和孩子讨论一下，用自己的经验给孩子出点主意。

（庆应义熟大学环境情报学部　K同学）

# 培养孩子接受批判和进行建设性讨论的能力

## ——让孩子能够冷静地接受反对意见的知性训练非常重要

　　在问卷调查中，很多人都提出希望在幼年时期养成与父母进行讨论的习惯。我家**因为父子间的讨论比较频繁，所以从结果上来说磨炼了孩子们的讨论能力。**

　　我丈夫很喜欢说话，一有空就找孩子们讨论或者说教。不过面对这个在孩子面前绝对不会承认自己错误的顽固父亲，大儿子却从没有过丝毫的退让。别的孩子为了早点摆脱父亲的纠缠都会选择认输，只有他想尽一切办法抓住父亲的论点中自相矛盾的地方，一定要分出个对错来。

　　大儿子从小就不能容忍用模棱两可的说法和论点来蒙混过关，所以总是与不肯承认自己错误的父亲发生冲突，**现在回忆起来，这也是值得提倡的父子**

讨论。

　　大儿子在语言方面的才能，与总是找他进行讨论的父亲的存在是分不开的。他在语言方面敏锐的思维能力，就是通过这样的讨论磨炼出来的。为了不输给孩子而在讨论中每次都拼尽全力的丈夫，也总是被大儿子逼入绝境。

　　另外，在与父母进行讨论的过程中，孩子能够学到反驳和人身攻击是不同的。**父母坦诚接受反对意见的态度，可以让孩子学会进行具有建设性的讨论的方法**。经常进行有意义的讨论，能够让孩子直观地感觉到观点的不同与信息和价值观的不同所造成的意见差异。

　　从小就与父母进行积极的辩论，能够培养孩子的讨论能力。这可以在孩子的大脑正在发育的时期，使其自然而然地学会"辩论必不可少的思考方法"。

# 6. 不把家长的"价值观"强加于孩子

### ——从对立的意见、价值观、观点中获取经验

问卷调查结果

---

### 不希望父母把自己的意愿强加在孩子身上

我的父母认为"过着稳定的生活就是幸福"。父亲大学毕业之后就成了公务员，母亲是专业的家庭主妇，虽然我家称不上富裕，但还是很顺利地将孩子们都抚养成人，过着非常稳定的生活。

虽然我很感激父母的养育之恩，但我的父母希望我的人生也能够像他们一样，他们把我送到初中高中连读的私立学校念书，对我的教育问题非常热心。因为他们认为我首先要进入一所著名的大学，然后进入著名的企业，这样才能实现他们的目标。

由于他们的这种考虑，当我认真地提出"不管企业是否著名，我想去自己喜欢的企业就职"时，**父母立刻对我说"应该进入大企业工作"**，从那以后我就再也不和父母商量了。

（东京工业大学研究生学院情报理工研究科　K同学）

---

**不喜欢只用自己的价值观思考的家长**

我的父亲可以说是一个反面教材。虽然他为人诚实认真，但却只用自己的价值观思考问题。我必须取得好成绩，必须做一个（符合父亲观念的）诚实的人，我不喜欢父亲的这种教育方法。

（早稻田大学政治经济学部　H同学）

# 让孩子尊重与自己拥有不同意见的人

——培养能够平静面对讨论和反驳的安心感

以前我在看报纸的时候从没遇到过看不懂的句子和内容，但自从电脑普及之后，片假名的单词越来越多，结果我看不懂文章内容，搞不清楚句子意思的情况也变得越来越多。

这时候我意识到自己已经落后于时代，于是总是提醒自己不能装作什么都懂的样子拖孩子们的后腿。我给孩子的具体建议，只有待人接物的礼仪和做饭时放多少调味料而已。

在问卷调查中，很多学生都认为父母不应该将价值观强加在自己身上，**如果父母总是将自己的价值观强加在孩子身上，会使孩子产生出"不管自己说什么都是白费"的挫折感，结果变得不愿与父母交流**。这样的家庭很难使孩子得到成长，也难以培养交流能力。

如果父母尊重孩子的意见，那么孩子就能够学会尊重他人意见的交流方法。也就是说，孩子在家里就能够掌握即便遇到不同意见时，仍然能够将自己的主张和希望传达给对方的高级交流能力。

夫妻之间的交流模式也会对孩子造成极大的影响。夫妻关系和睦，尊重对方想法的夫妻培养出来的孩子，一般在其婚后也能够对自己的伴侣关爱有加。

反之，在父亲总是对母亲呼来喝去的家庭中成长起来的男性，对自己的伴侣也是一副高高在上的态度，夫妻之间很容易发生争吵。

教会孩子如何与拥有不同意见和价值观的对象进行交流，是家长最重要的职责之一。因为在孩子将来的人生中，肯定会遇到很多不如意的人和事。一帆风顺的人生只存在于美好的愿望之中。

因此，**必须教会孩子倾听以及尊重不同的声音、意见和价值观**。身为家长应该以身作则地给孩子做出示范，让孩子学会如何表达自己的观点，以及拥有能够根据具体的情况承认自己错误的灵活性。

即便孩子出现了明显的错误，或者身为家长不能接受孩子的借口，也不能因为对方是孩子就**不问青红皂白地对其予以否定，将家长的意见强行加在孩子身上，这是非常危险的**。孩子会模仿家长的这种做法，从而失去"理解和接受不同价值观"这一非常重要的交流能力。

# 7. 不感情用事，批评的时候先讲明理由

### ——不要单纯斥责孩子，要让孩子认识到问题所在

📝 问卷调查结果

---

**训斥孩子的时候一定要清楚地说明理由**

　　我的父母在训斥我的时候从不会说明训斥我的理由，这是我最希望他们做出改善的地方。当孩子做了错事的时候，**父母应该询问孩子这样做的原因，和孩子一起从根本上解决问题**。基本上，我希望家长能够经常对孩子予以肯定，采用称赞的教育方法。

（名古屋大学理学部物理学科　K同学）

---

**因为体罚，我非常害怕他人对我抱有敌意**

　　小时候遭受体罚的经历（虽然只有在犯错误的时候才会遭到体罚），让我非常害怕对方抱有敌意，这也是形成我现在性格的主要原因。

（东京工业大学研究生学院　H同学）

---

**如果父母不感情用事，孩子的叛逆期就会很快结束**

或许是因为我的母亲是一名经营者的缘故，我几乎在她身上感觉不到太多的温柔。但同样地，她也从不会感情用事地对我大喊大叫，每次训斥我的时候都会告诉我理由，让我能够接受。所以我的叛逆期在上中学时就结束了。我认为在训斥孩子的时候不能感情用事，而应该让孩子知道自己错在什么地方，这一点是非常重要的。

（青山学院大学经济学部　O同学）

---

# 不要对孩子大喊大叫，让孩子认识到自己的错误

## ——"感情用事的训斥"肯定会让你后悔

关于父母的训斥方法和批评方法，是这次问卷调查中提到最多的主题之一，由此可见父母的训斥方法对孩子来说非常重要。

训斥和批评具有许多意义，需要非常高超的交流能力。因为在对他人进行训斥或批评的时候，必须控制自己的感情，揣摩对方的心思，思考应该怎样做才能够解决问题。

尤其需要注意的是，**"父母愤怒时的表现"将会直接影响到"孩子愤怒时的表现"**。

感情用事的父母，即便孩子只是将筷子掉在地上也会因此对孩子大声责

骂。孩子从小就与这样的父母生活在一起，**会对父母产生出极端的恐惧，从而对大人失去信任。**孩子会出于自我保护的心理而开始撒谎，变得不坦诚。所以说感情用事的责骂对孩子起不到任何的教育作用。

不能因为孩子小，就总是在不说明理由的情况下，仅凭一时的感情冲动而对其大声责骂，这很容易给未来的亲子关系留下难以弥补的裂痕。

如果只是单方面地对孩子进行无端的斥责，**等孩子进入青春期后这招可就不灵了，**结果只能导致与孩子之间无法交流。到了这个时候就算父母认识到"应该更多地尊重孩子的想法"，孩子也已经不会再接受父母了。

孩子对父母不分青红皂白的训斥默默忍受的时期，与漫长的人生相比可以说是非常短暂。因此**如果父母在这段时期总是感情用事地对孩子进行斥责，那么等孩子长大成人之后，父母将会长久地生活在悔恨之中。**

绝对不能感情用事地训斥孩子，应该让孩子自己认识到错误，并且让孩子知道诚实的重要性，这样孩子自然就会发生变化。

我的母亲性格非常稳重，她总是说"孩子是上帝派来的使者""是社会寄存在父母那里的人才"，所以母亲对她的7个孩子都非常尊重。在我的记忆中，母亲从没有对我们进行过任何的说教，更没有感情用事的训斥。

不过母亲并没有放松对我们在礼节上的管教，一年至少有一次，母亲都会对我们兄弟姐妹中的一个进行谆谆教导。当然母亲采用的是非常平静的方式，**让孩子从心底认识到自己的错误。**因为母亲对我们关怀备至，所以我们兄弟姐妹都不忍心惹母亲难过，甚至暗地里互相保证绝对不能做让母亲生气的事。

身为父母，在育儿的过程中可能会因为各种各样的原因而难以控制自己的情绪，在这种时候一定要忍住怒火，做一个深呼吸，告诉自己**"我不是驯兽师，我是最重要的宝贝孩子的教育者"。**冷静地听一听孩子的理由，然后告诉孩子为什么这样做是错误的，让孩子自己认识到自己的错误。

**Ⅲ　养成与人心灵相通的习惯**

## 8. 告诉孩子感谢的重要性

——跟家人也一定互相"道谢"

📝 问卷调查结果

---

**希望父母能够教育孩子即便从小事中也能够感到幸福**

　　我的父母不管在运动还是学习方面，都要求我力争第一。所以我不管是参加社团活动还是和朋友一起玩儿，都处处争强好胜，经常和朋友发生矛盾。所以我希望父母能够教育孩子不必什么事都要争第一，即便从小事中也应该能够感到幸福，让孩子拥有一颗宽容的心。

（一桥大学　N同学）

> ### "感恩"让我更加努力
>
> 　　我的父母不厌其烦地向我灌输**对为自己提供帮助的所有人表示感激之情的重要性**。现在这种感恩之心已经成为我为人处世的准则。我在上学的时候，因为全靠父母的金钱援助，所以我要求自己必须做出最大限度的努力才行。
>
> （庆应义熟大学　Y同学）

# "感恩的习惯"能够塑造人格魅力

## ——不懂感谢的人无法得到信赖

　　在我们的日常交流中最重要的一点，就是将感恩的心情传达出去。信赖关系与亲密的人际关系的基本，就是感恩的心。我见过不少**因为不懂感恩而得不到周围的信赖结果自取灭亡的人**。

　　在我家的附近有许多省厅的办公楼。每隔两三年，中央都会派遣精英干部入驻这里。那些充满人格魅力的干部，**经常会对下属的工作表示感谢说，"非常感谢，多亏了你这项工作很快就完成了"**。

　　而当他们对下属做出提醒时，则会找一个单独相处的机会这样说"虽然这份工作你做得很不错，但这部分稍微有点儿问题，能不能重新做一份给我？一直以来都多亏你了"。

在这样的领导手下工作过的部下都异口同声地表示，"就算在他回到中央部门之后，只要是他拜托我们做的事，我们都会全力以赴地去做"。

在我们这样的小地方，从工作性质上来说，不管中央派来什么样的干部，实际上部下所做的工作都没有太大的变化。所以如果部下想给上司找麻烦，只要故意拖延工作时间就可以了。

是否对周围的人表示出感激之情，并且以此来与周围的人建立起信赖关系，对工作顺利与否具有决定性的作用。

在我们身边，就有很多不懂得感恩，总是充满抱怨和不满的人。如果一个人从来不知道如何感谢别人，嫌弃小孩子送给自己的礼物是廉价的便宜货，抱怨朋友总是出去旅游，那么不管这个人多么有钱，给人的感觉也是相当贫穷。

这样的人成为父母之后，他们教育出来的孩子多半也都会变成和他们一样的人，这样的例子对我来说已经是屡见不鲜了。

只要我们静下心来，就会发现周围充满小小的喜悦和值得感谢的事情。如果父母能够做到知足常乐，**总是能够发现身边小小的幸福与喜悦，带着感恩的心去度过每一天，那么这种生活态度一定也会影响到孩子。**

我的侄女夫妇就是那种因为一点儿小事都会非常夸张地对你表示感谢的性格。现在有很多家庭的丈夫，不管妻子做出多么好吃的饭菜都无动于衷，而我侄女的丈夫则从来都不会忘记对妻子表示感谢。正因为他们夫妇二人都很重视感恩，所以当孩子帮他们拿来报纸或者把玄关处的鞋子摆好时，他们也会对孩子说"谢谢"。

从孩子小时候开始，他们就教育孩子该表示感谢的时候要说"谢谢"。这**不只是对外人，哪怕是对自己的家人也不能忘记表示感谢。**每当我夸奖他们的孩子"真可爱"的时候，都会得到对方发自内心的"谢谢"。在这个孩子还没上幼儿园的时候，有一次见到我，可能是他幼小的心灵觉得必须要对别人表示感谢才行，结果抢在我之前对我说"每次您都称赞我可爱，谢谢您"，真是让我大吃一惊。

对小事都会表示出感激之情的这一家人，待人接物的态度总是非常诚恳，而且会通过语言将自己的感激之情非常清楚地传达出来。所以周围的人都非常地信赖他们。

如果只是在心里想而不用语言表达出来的话，就无法将心意传达给别人。很多人都不好意思主动打招呼或者将自己的感激之情表达出来，长此以往很容易使自己的人际关系出现裂痕。

很多家长都教育孩子把学习放在第一位，却忽视了对孩子人际交往能力的培养，结果贻误了孩子的一生。

身为家长，首先应该在家庭中贯彻"亲人之间也要保持礼仪"的家风，**让孩子养成将感激之情用语言和态度表达出来的"感谢的习惯"**，因为这将会从很大程度上影响孩子将来的人际关系。

# 9. 站在对方的立场上考虑问题

## ——不懂弱者的痛处就不会获得信赖

问卷调查结果

### 理解对方的心情是最重要的

虽然每个人对优秀的定义都不一样，但我的父母从小就教育我，理解对方的心情是最重要的。因此，我总是告诫自己要站在对方的立场上去思考问题。

（某大学　T同学）

### 父母教育我要照顾他人的心情

我的父母总是教育我"己所不欲勿施于人""自己做不到的事也不要强求别人""做一个能够照顾他人心情的人"。

（东京大学研究生学院情报理工学系研究科　T同学）

---

**学到了关怀他人的重要性**

　　我的父亲不管工作多么繁忙，都会保证陪伴家人的时间。而且**父母从小就教育我"绝对不能欺凌弱小"**。从父母关心家人，并且对待他人也非常温柔和充满关怀的态度上，我认识到了关怀他人的重要性。

（一桥大学　O同学）

---

# 让孩子懂得关怀弱者

## ——父母细微的言行也会对孩子造成巨大的影响

　　提到交流能力时绝对不能忘记的一点，就是理解对方的心情，尤其是对弱者要予以关怀。而这种**懂得关怀弱者的感性，在很大程度上受幼年期父母的思考方法和言谈举止的影响。**

　　因为我本身在日本社会之中就属于少数派的弱势群体，所以养成了站在少数派和弱势群体的立场上看问题的习惯，当然我的这种习惯也确实影响到了我的孩子们。

　　我二女儿上小学时候，她的班主任经常对我说"我都想把自己的工资分一部分给这孩子"。因为二女儿总是非常自觉地帮助老师做一些杂务，甚至自告奋勇地去做其他同学不愿意做的工作。

　　二女儿在小学一二年级的时候，参加运动会的赛跑比赛并且第一个冲过终点。但如果仔细观察就会发现，她一边跑一边努力地敲打着手里的小鼓，并且还左顾右盼地注意着周围的动静，根本没有拼尽全力奔跑。而在她的身旁，有一个跟着她敲鼓的声音在跑道上奔跑的同学村田君（化名）。

村田君因为眼疾导致视力不断恶化，当时已经接近全盲。我听到坐在身边的家长们议论纷纷地说道"我可不敢让自己的孩子去做这个领跑员，万一出了事可怎么办啊""但村田君好像说，如果是那个女孩领跑的话，他就没问题呢""老师们似乎也认为，只有她才能胜任这个领跑员的工作"。

虽然我不知道女儿是怎么当上领跑员的，但看到这个最不喜欢引人注目的女儿圆满地完成了领跑员的任务，身为母亲还是非常为她感到高兴。

虽然我身为家长不能大言不惭地说自己的孩子谁都喜欢，但因为二女儿从小就很懂得站在弱者的立场上看问题，所以像在运动会上做领跑员之类的事情在她身上经常发生。而且绝大多数都是在老师或者其他家长向我道谢时我才知道的。

大儿子金武贵从幼儿园起身材就比较魁梧，所以和小伙伴们玩游戏的时候也是领头的那一个，总是用命令的语气对小伙伴们说话。

有一次，我通过丈夫得知，有个小伙伴的母亲抱怨说他家的孩子被我家的大儿子"当作小弟呼来喝去"。尽管大儿子在本意上并不是恃强凌弱，但他的态度却使别人产生出了这样的感觉，于是我教育他在这一点上也要注意。

大儿子上小学低年级的时候，班级里有一个因为幼儿期高烧后遗症导致走路和说话都比较困难的步美同学（化名）。或许是认为**"对比自己弱小的人要温柔相待"**吧，大儿子处处都对步美同学关爱有加。步美同学的母亲对大儿子非常感谢，即便在步美为了进行恢复性治疗而休学的期间，仍然一起来参加了大儿子的生日会。后来步美在所写的自传之中，对大儿子当年的照顾表达了感激之情，如今大儿子和已经是两个孩子母亲的步美仍然保持着联系。

另外，有一天我的朋友在开玩笑的时候表示出对黑人的偏见，大儿子对这位朋友的无知非常厌恶，甚至无法理解我为什么要和这样的人有来往。

我在观看体育比赛的时候总是支持较弱的一方，如果是国际性的体育赛事，我一般都会给经济不发达，在气候和基础设施建设等方面都条件较差的国家加油。

在我家孩子小的时候，每逢世界杯赛事，我惊讶地发现他们竟然全都支持那些平时几乎从没有接触过的非洲小国。**由此可见母亲对孩子的影响多么巨大。**

对社会上的弱者缺乏同情心的父母培养出的孩子，需要花费许多的时间才会认识到这样做是错误的，而且**这样的孩子会经常遭遇失败，或者给别人造成伤害。**现在校园欺凌事件屡禁不止，如果家长都能够教育孩子懂得关怀比自己弱的人，那对于整个社会来说都是一件幸事。

# 10. 通过饲养宠物来培养孩子的爱心

## ——在饲养宠物的过程中可以学到很多东西

📝 问卷调查结果

---

### 从爱护动物的父母身上，我学会了温柔对待他人

我的父母非常喜欢养宠物，所以**我从小就经常和他们一起照顾金鱼和鹦鹉**。他们非常反对轻易地杀害生命，就连蚊子和蟑螂都是尽量捉住之后放到外面。他们买了很多像《蜘蛛之丝》那样讲述保护小生命重要性的书给我看。是他们教会了我，真正强大的人绝对不会有傲慢的态度，以及保护弱小生命的重要性。

（庆应义熟大学　K同学）

---

### 饲养宠物让我懂得爱护生命

我受喜欢动物的祖母和父亲的影响，从小就饲养了许多宠物。我从宠物出生到死亡一直照顾它们，**这培养出了我对所有生命都非常爱护的责任感，以及珍惜生命的态度**。

（庆应义熟大学　M同学）

# 孩子通过动物学会"温柔的心"

## ——动物能够教会孩子丰富的感情

我家的孩子阅读过许多描写动物生命的书，因此对他人的痛楚都能够感同身受。

因为家里的空间有限而书籍却不断增加，所以我会定期处理书架上的书籍。就连非常珍贵的全集和我很喜欢读的书，我也会用"我又不是学者，没必要总把这些书留在身边"的理由说服自己，依依不舍地将其处理掉。

但是，我的大女儿却无论如何都让我留下一本书，这本书的名字叫作《可怜的大象》。

这本书因为被大女儿读过很多次，书页都已经有些磨损了。故事讲述的是在战争时期，上野动物园害怕因为遭受空袭而导致猛兽们从笼子里面逃出来，于是决定处死这些猛兽。狮子和狗熊因为吃了混有毒药的食物而死亡，但驴子们和3头大象则将有毒的食物都吐了出来。

没办法的园方只好采取不给食物的方法，想将这些动物饿死，饥肠辘辘的驴子们拼命地表演节目讨好饲养员，希望能够得到食物。但最终驴子们还是一头接一头地饿死了。

《佛兰德斯的狗》也是大女儿读了许多遍的书。这本书讲述一个失去双亲的孤儿尼洛，捡到了一条被人遗弃的老狗帕奇，然后这一人一狗相依为命生活的故事。因为穷富之别和村人的误解，尼洛被迫与他的好友阿洛伊斯分离，一直照顾着他的祖父也不幸去世，走投无路的尼洛最终死在了教堂里面。当误会终于解除的时候，一切都为时已晚。

在这本书中，有人与狗的关系，失去双亲的经历，贫穷导致的问题，对名画的憧憬等等，充满了打动孩子心灵的内容。

后来有一段时期，大女儿不再读这几本曾经让她流过无数眼泪的书了。或许是因为她能够切身地体会到驴子们和尼洛的痛苦了吧。由此可见大女儿的心灵因为阅读而得到了成长。在我们家里，大女儿的书最多，书架的更换也是最频繁的，即便如此，这几本书直到现在仍然被她收录在自己最重要的书的名单之中。

**根据孩子的年龄让他阅读合适的好书，能够让孩子拥有温柔的心和体会他人痛苦的关怀之情。**应该趁孩子最纯真的时候，通过故事的世界，来让孩子体会战争的悲剧、穷人的不幸、不放弃的勇气、人与动物的关系，追求梦想等内容。

## 通过照顾宠物来培养孩子"对生命的责任感"

因为提到了动物的故事，所以我想稍微补充一些内容。我认为**饲养宠物有助于培养孩子拥有对他人的关怀之情和引起与他人的共鸣。**

我家里就有很多宠物，但是因为我光是照顾这个家就已经忙得焦头烂额，所以**对于养不养宠物，养什么宠物等问题我都交给孩子们自己决定。**因为我很不擅长养小动物，所以孩子们都知道我不可能出手帮忙。

热带鱼、锹形虫、鹦鹉、小鸡、松鼠、乌龟、鬣蜥、狗，孩子们必须在上学之前照顾好这些动物，有些甚至还要带出去散步，所以我们家从大清早开始就非常热闹，孩子们也都乐在其中。

从早晨就开始照顾宠物，可以让一天都变得很有规律，因为孩子们的"干劲儿"都被调动了起来，可以精神饱满地去上学。等到放学后还能带朋友来家里炫耀自己的宠物，加深他们对生命的热爱，可以说好处多多。

饲养宠物的话，难免要面临与宠物的死别。宠物死亡的时候孩子们都感到非常难过，可是我不但没有安慰过他们，甚至还很残忍地呵斥道"所以我就说不让你们养宠物啊"，即便如此，**他们似乎也从中学到了不少东西**。尽管孩子们对宠物的死亡万分悲痛，但还是不断地将小生命们带回到家里来，最后又用自己的双手非常小心地将他们埋葬。

很多因为缺少朋友而做出骇人举动的青少年，在他们犯下罪行之前都有过虐待小动物的行为。由此可见，幼年时期用爱心饲养小动物，直到它们死亡的经历，能够培养孩子拥有温柔的心，在构筑良好的人际关系方面也具有非常重要的作用。

**本章要点**

## 超越不同的意见、价值观、思考方法、事实认识来建立信赖关系的能力

在同样拥有聪明的头脑和高学历的优秀人才群体中，最能够拉开差距的可以说就是交流能力。

对于优秀的人才来说，记忆力和思考速度几乎没有太大的差距。

但"理解对方心情的能力""总结反对意见的能力""不将自己的价值观强加于人的灵活性""感谢他人的习惯"以及"对社会弱者的同情"等真正意义上的交流能力，则在很大程度上受幼年时期教育的影响。

在本章之中，我们了解到真正的交流能力，不只是单纯的表达能力，而是理解和尊重对方的心情与想法、对弱者的痛楚产生共鸣、能够超越不同的意见、价值观、思考方法、事实认识来建立信赖关系的能力。

接下来让我们重新回顾一下，为了培养孩子拥有真正的交流能力，都需要注意哪些内容吧。

### 习惯沟通

❶ 让孩子参与"社交场合"

你是否给孩子创造了与除了父母之外的大人进行交流的机会？从小就让孩子习惯与人交流，对于培养孩子的交流能力具有非常重要的意义。

❷ 养成"写作的习惯"

你是否让孩子养成了写作的习惯？言简意赅地对文章进行总结的能力，能够大幅提高学习和工作的效率。

❸ 让孩子从幼儿期就习惯外语教育

你是否将孩子的语言教育全都推给了学校？与父母经历的时代不同，当今时代是否拥有外语能力将在很大程度上影响孩子对工作的选择。

❹ 成为值得孩子信赖的倾诉对象

孩子是否与你无话不谈？孩子是否与每天都在身边陪伴自己的父母构筑起"无话不谈的信赖关系"，对孩子交流能力的发展具有极大的影响。

## 理解不同的观点、价值观、感情

❺ 积极地与孩子进行讨论

你是否成为孩子的讨论对象？能够冷静处理不同意见的能力，接受不同的观点和价值观并且达成具有建设性的共识的能力，将极大地决定孩子将来的领导能力。

❻ 不把家长的"价值观"强加于孩子

你是否将自己的价值观强加于孩子身上？如果家长总是将自己的价值观强加于孩子身上，孩子也会形成这种偏执型的交流习惯。

❼ 不感情用事，批评的时候先讲明理由

你是否对孩子感情用事地进行批评？父母的态度将在很大程度上影响孩子的态度。所以在对孩子进行训斥时不能感情用事，而应该告诉孩子批评的原因，引导孩子发自内心地认识到自己的错误。

**养成与人心灵相通的习惯**

❽ 告诉孩子感谢的重要性

你是否让孩子养成了即便对于小事也要表示感谢的习惯？将自己的感谢之情传达出去，在与他人构筑信赖关系上是最重要的交流能力。

❾ 站在对方的立场上考虑问题

你是否让孩子养成了站在对方的立场上思考问题的习惯？特别是站在弱者的角度进行思考，可以培养孩子换位思考的交流能力。

❿ 通过饲养宠物来培养孩子的爱心

让孩子重视小动物的生命，能使孩子拥有关怀之情。饲养宠物，经历宠物的死亡，这可以培养孩子对所有的生命都充满热爱。

第五章

# 让孩子主动"学习"

放任和强迫都不如给孩子一个学习的"动机"

# 不管"放任"还是"强迫"，孩子都不学习
## ——动机、习惯、环境很重要

写在本章之前——金武贵

"武贵，别玩了，快去学习！"

"不学，绝对不学！"

"好了好了，去学习吧！"

这是以前在我们家里最常见的对话，不过当大家读完本章之后，就会知道"父母强迫孩子学习"的做法有多么失败了。

另一方面，在学习这个问题上，自主放任的方针并不适用于所有的孩子。尽管在这次的问卷调查中回答最多的内容之一就是"自主放任比强迫学习更好"，但对于全日本一千万"普通学生的家长"来说，决不能不假思索地照搬。因为问卷调查中的这些学生都属于对知识拥有极强好奇心的类型，所以就算自主放任也没问题。

像我这样的人，如果自主放任的话绝对不可能学习，当然就算强迫我也一样不会学习。所以让孩子学习的关键在于刺激孩子的积极性。

关于学习方法的问卷调查结果，可以分为以下10点。

**"养成习惯"**

❶ 不强迫孩子学习

❷ 在童年时期培养孩子的"学习习惯"

❸ 培养动脑能力


**"给学习找个动机"**

❹ 告诉孩子学习能带来的"好处"

❺ 教育环境决定孩子的性格

❻ 培养在学习上的"竞争意识"

❼ 可以用"报酬"来激励孩子学习吗?


**培养孩子的"学习观"**

❽ 重视结果VS重视过程

❾ 不论什么类型的孩子都应该让他读大学吗?

❿ 不要教孩子学习至上主义

很多人都认为自上而下强制性的学习效果不佳,但**要问在调动孩子学习积极性这个问题上最重要的内容是什么,唯一的答案就是让孩子体会到学习的乐趣。**

我向身边的那些精英人士问起他们幼年的学习经历,发现他们绝大多数都在小时候沉迷乐高,或者经常与父亲一起玩围棋和将棋,早早地体会到动脑的乐趣。

有一位东大医学部毕业后进入外资系金融机构做交易员的天才朋友，他从小就非常喜欢相扑，对相扑比赛的举办场地、选手的等级顺序和对战搭配等都了如指掌，据他说这很好地锻炼了他的记忆力。在追求自己兴趣爱好的过程中，往往能够侧面地提高学力。

另外在这样的家庭中，孩子总是喜欢问"为什么"，这可以**让孩子从小就体会到"解决问题的喜悦"**。

我的恩师曾经说过，对教育者来说最重要的工作就是让学生了解"学习的乐趣"，现在我将这句话送给全国的家长们。

不同类型的孩子学习的动力也不一样。回忆起来，我的父母后来就不再强迫我们学习了，转而想了许多办法让我自发地进行学习。

其中最有效的一个办法，其实是不应该大肆宣扬的内容，那就是**如果我在小学补习班里考第一名的话就能够获得一万日元的奖励制度**。结果我一下子变得非常努力学习。因为我当时正在用自己的零花钱饲养热带鱼，但是我很想买更大的鱼缸以及更大的热带鱼。

用金钱作为奖励或许看起来不太合适，但"用奖励来进行刺激"这种行为本身却是十分常见的。我有一个在香港做律师的朋友，他小时候就很不喜欢学习，但因为他很喜欢动物总是吵着要养宠物。他的父母就对他说"模拟测试取得好成绩的话就让你养仓鼠"，"在学校考第一名的话就让你养兔子"，"升学考试合格的话就让你养博美犬"。这些不都是听起来很可笑的"奖励"吗？

虽然我很遗憾地被金钱击倒了，但我的动力源泉并不仅于此，其他对我影响更大的，应该是母亲的努力。

母亲为了让我能够考入理想中的学校，可以说是诚心诚意地为我努力付出，我为了回报母亲的努力也不敢怠慢。

记得有一天，我在凌晨两点的时候醒来，发现隔壁房间仍然亮着灯。我奇怪地走过去一看，却发现母亲正趴在书桌上努力地做着我要报考的那所学校的入学考试题。

当时的情景我至今难忘。母亲竟然为了我这么努力，让我既羞愧又感动，于是我将不管被没收多少次仍然自己偷偷买回来的游戏机收了起来，决心好好学习（虽然后来我还是没能忍住玩游戏机）。由此可见，**父母的努力也是激励孩子好好学习的动力之一。**

不过回忆起来让我感到有些遗憾的是，当时的我对于"为什么必须要努力学习""学习有什么好处"这些问题的答案一概不知，因此"对学习的接受感"很差，当然也不会自发地产生出学习的积极性了。

让孩子学习和让员工工作其实在性质上是一样的，**关键在于让孩子和员工理解"为什么必须这样做"。**

万幸的是，虽然在我考入理想学校之后父母就再也没强迫过我学习，但因为我身边的同学全都很努力地学习，我在他们的影响下也自然而然地养成了学习的习惯。所以说**在督促孩子学习的时候，这种"周围人都在努力学习"的环境因素也具有决定性的影响力。**

另外，让孩子学习的时候绝对不能给孩子灌输"学习至上主义的价值观"。因为这会导致孩子的价值观变得狭隘，只能够以毕业院校和考试分数来判断他人，成为一个目光短浅的人。

在第二章开头处登场过的那位某大型投资公司的支社长朋友曾经说过，"学习可以使人找到自己擅长的领域，体会到为社会做出贡献而得到周围人的感谢和认可所带来的喜悦"，所以我们应该教育孩子，"学习"绝不只是考试取得高分那么简单。

在接下来的正文中，我们将和南瓜夫人一起讨论让孩子自主学习的方法。

## Ⅰ　"养成习惯"

## 1. 不强迫孩子学习
——强迫孩子学习会导致孩子不愿意学习

📝 问卷调查结果

**只有考试取得高分毫无意义**

我的父母对我的教育方针是"学习要靠孩子的自主性"。也就是说如果孩子不成器，那么就算家长强迫也没有用。

**如果孩子对学习根本没有兴趣，就算凭毅力考上了大学，但之后就会像拉伸过猛的弹簧一样失去弹性**。在父母的这种教育方针下，每当我快要偏离轨道的时候，都会被及时地拉回正途。

（东京大学研究生学院工学系研究科　Ⅰ同学）

### 不要强迫孩子学习，让孩子产生兴趣最重要

我的父母从不强迫我学习。

我认为**只有在孩子对某件事情真正产生兴趣的时候，才能够发挥出自己真正的实力**。

所以不能强迫孩子去做什么事，而应该让孩子自然地产生兴趣。

（东京大学研究生学院工学系研究科　F同学）

### 不强迫孩子学习，只给孩子"创造机会"

我的父母对孩子从不强迫，但会为我准备好成长的机会。举个简单的例子吧，比如在我的学习方面，他们从不强迫我学习，但**当我说想要更进一步提高成绩的时候，他们就会帮我找好补习班**。

（东京大学研究生学院工学系研究科　M同学）

### 将教育看作一种"礼物"

我的父母认为教育是对我将来的一种投资，是送给我的最好的"礼物"。比如父母虽然从没有强迫过我学习，但当我提出想要留学，或者想要读研究生的时候，**父母都会非常理解，认为这是对我将来的投资**。

（东京大学大学院经济学研究科　H同学）

# 不要强迫，以身作则

——父母本身就要养成学习的习惯

经常有中学生的父母对我说"自己的孩子根本不学习"，但这些家长大多数**从孩子上小学的时候就没有对孩子的学习采取过任何的措施**。因为他们没有认识到自己的行动对于孩子的将来具有多么重要的意义。

所有的家长在育儿的过程中都会忙得不可开交。但那些抱怨孩子不学习的家长，应该反省一下自己是否沉迷于电视节目，或者总是出门应酬玩耍。也就是说，家长本身就没有"将孩子的教育放在第一位"。这样的家长所培养出来的孩子，与那些将"创造使孩子愿意学习的环境"作为最优先考量来分配自己时间的家长所培养出来的孩子相比，必然会出现巨大的差距。

在问卷调查中，有一位学生说他的家长将教育看作是一份"礼物"。也就是说**学习并不是被强迫的痛苦，而是为人生准备的宝贵馈赠**。仔细想来，确实如此。

在我的身边就有许多整天嘴上说着"快去学习"，不断强迫孩子学习的家长，这样的家长甚至还会跟着说"求求你了快去学习""拜托你学习吧"之类的话。但是当家长做出这样请求的时候，学习就不再是"家长送给孩子的礼物"了。而且很容易**让原本就不喜欢学习的孩子产生出"学习是为了家长而学习"的错误认知**。

关键不在于强迫孩子学习，而是给孩子创造一个能够自然而然地学习的环境。这绝不是单单给孩子一个漂亮的学习房间，或者花上大把的教育费就能够简单实现的。

首先，也是最基础的，家长不能在孩子想要学习的时候却开着大大的音量看电视。夫妻二人总是大声争吵的环境也不利于孩子学习。

另外，当孩子不知道应该从何开始学习的时候，家长应该及时地教给孩子他现在应该做什么。所以身为家长必须了解孩子正在学习什么内容。

**对孩子来说最重要的学习环境，就是他们身边的家长自己拥有"学习习惯"。**

我有一些在大学当教授的朋友，他们都很有素质而且具有人道主义精神，提倡"自主放任"的教育方针。这些人都一个共同点，那就是从来不会用语言来催促孩子学习，但是却**经常以身作则，让孩子看到自己学习的样子**。结果他们的孩子深受家长的影响，也变得主动学习了。

家长不做任何努力，将教育孩子的责任全扔给补习班或者家庭教师，整天只是用语言来强迫孩子学习，这样做是不会有任何效果的。为了让孩子养成自主学习的习惯，首先家长就要在日常生活中起到带头和表率的作用，用自己的实际行动来影响孩子。

# 2. 在童年时期培养孩子的"学习习惯"

## ——童年时期的学习习惯会持续一辈子

📋 问卷调查结果

---

### 从小就养成"学习习惯"

母亲采取强制措施让我养成了学习的习惯。**从我小时候开始，母亲就严格地规定了我每天的学习时间。**在我长大以后，就算不用母亲说，也能够自己主动学习。

（东京大学　I同学）

---

### 上中学之前严格管教，中学之后靠自主性

在我小的时候，父母在我的学习问题上一直严格管教，所以让我养成了学习的习惯。我认为在孩子上中学之前应该对孩子进行严格的指导，中学之后则应该让孩子自主地学习。**如果家长过于严，厉那么家里的气氛就会变得紧张，孩子也难以成为一个自立的人。**

（一桥大学商学部　B同学）

# 在孩子上中学之前使其养成学习习惯和学习的自信

——让孩子快乐学习

在问卷调查中，虽然有很多人都表示希望家长采取自主放任的教育方针，但也同样有不少人回答说**"希望家长给孩子养成学习习惯"**，这确实让人感到有些意外。

或许有很多家长都和我一样，在看到这个回答后获得了勇气吧。即便是精英学生，也并非全都天生就是喜欢学习的天才。

小时候的学习习惯，对孩子未来的人生都具有非常重要的影响。每个人都有一段能够最大程度发挥自己能力的时期，如果能够**利用这段时期让不愿意学习的孩子养成学习习惯，那么将会起到事半功倍的效果**。根据我的经验，孩子在小学时代努力学习的经历，不管考试取得的分数如何，都会成为他潜在的力量源泉。

小时候养成的学习习惯，可以使孩子一生都拥有"只要努力就能够成功"的自信。

我的两个儿子都不愿意学习，他们的性格和思维方式都完全不同。不过他们两人仍然有一个共同点。那就是**参加中学升学考试时和父母一起努力的经历，每当他们在人生中遇到挑战的时候，这种经历都会给他们以勇气和力量。**而且当时的成功经历也使他们拥有了只要努力就能够成功的自信。

对于为了孩子操碎了心的父母来说，这就是孩子给我们的最好的回报。

那么，为了让孩子养成学习习惯，家长都需要注意哪些内容呢？

首先，**要像每天早晨起床之后都要刷牙一样，将孩子学习的时间加入家庭的生活规律之中**。我家孩子在上小学的时候，就算我磨破了嘴皮他们也绝对不会自己学习，于是我决定和他们一起学习。

我将晚饭前的1小时规定为一起学习的时间，不管发生什么事都必须保证这个学习的时间。在孩子们参加中学升学考试的前半年，我还加上了早饭前1小时学习的习惯。

另外，**不要让学习的时间变成"痛苦的时间"**也非常重要。

不管是语文还是数学，现在孩子们所学的科目与我小时候学过的内容完全不同。中学升学考试的数学卷纸上全是我见都没见过的问题。但当着孩子的面，我从来没有抱怨过做这些题的苦恼。

即便家事非常繁忙，我还是抽出时间来提前做好预习，然后在孩子面前一个劲儿地说"这些都是非常简单的问题"，**我就像做拼图一样非常迅速地做出问题的答案，然后十分详细地将解答的过程教给孩子**。结果孩子们很顺利地接受学习的时间，养成了母子一起学习的习惯。

将学习目标定在比触手可及更高一点的范围，让孩子体验成功带来的喜悦，可以更容易使孩子养成学习的习惯。就算孩子开始学习的时期比较晚，但**只要让孩子体验到成功的喜悦，那么孩子就会像睡醒的雄狮一样，主动向着目标前进，并且充分地发挥出自己的集中力**。

在孩子上中学之前使其养成这种学习习惯，随后就算采取自主放任的教育方针，孩子也能够在习惯的引导下主动学习。

# 3. 培养动脑能力

## ——多问"为什么"

📝 问卷调查结果

---

**多对孩子提问**

我最感谢父亲的一点，就是他教会了我理论思考。他总是对我提问题，比如"眼睛为什么能看见东西"。**多亏这些问题，把我培养成了一个拥有很强好奇心的人。**我觉得经常提问"为什么"，激发孩子兴趣的教育是最重要的。

（庆应义熟大学研究生学院理工学研究科 K同学）

---

**用提问来促使孩子思考**

我的父母经常对我提问，或者用反问来培养我的思考能力。我认为父母可以通过提问和反问，让孩子自己思考，培养孩子的思考能力。

（早稻田大学创造理工学部 F同学）

# 父母的提问让孩子养成"思考的习惯"

## ——可以提示但绝对不能直接告诉答案

通过问卷调查我们可以看出，对孩子提问"为什么"，可以非常有效地使孩子养成思考的习惯。

说起这个从小就向孩子提问"为什么"的教育方法，我不禁想起一位朋友。她在日本出生，从小就接受日本的教育，但却拥有美国式的育儿经验。她的丈夫约翰森（化名）是在酵母遗传学领域的著名科学家，这位科学家爸爸的育儿方法给我那位朋友留下了非常深刻的印象。

他绝对**不用孩子的语气和孩子们说话，而是将孩子看作一个独立的人格，总是和他们平等地交流。**

约翰森十分擅长辅导孩子学习，不管这些内容是课本以内的还是课本以外的。而他的教育方法，在我们这些接受日本教育的人看来，可以说是非常新颖。

首先他让孩子提出自己想要思考的问题，引导孩子产生疑问和好奇。然后他会给孩子解决这些问题的提示，让孩子体验到解决问题的乐趣和成功解决后带来的喜悦，但他绝对**不会直接告诉孩子答案。**

约翰森发明了一个叫作"is to"的游戏。内容可能有点儿多，我尽量简单明了地为大家介绍一下。

（向幼儿期的孩子提出的问题）

问题：夏天对雨，冬天对什么？（Summer is to rain as winter is to）

答案：下雪（snow）

问题：太阳对地球，地球对什么？（Sun is to earth as earth is to）

答案：月亮（moon）

（向小学低年级的孩子提出的问题）

问题：直线对正方形，正方形对什么？（Line is to square as square is to）

答案：正方体（cube）

问题：国会对大总统，大总统对什么？（Congress is to President as President is to）

答案：首相（Prime Minister）

他的孩子们非常喜欢这个游戏，努力地自己查找答案。他们的母亲发现孩子们发展出了令人惊讶的丰富想象力以及独特的个性，成了非常优秀的人。

## 在日本学过的东西都忘了，在美国学过的东西却记忆犹新

养成自己思考的习惯之后，学过的东西就不会轻易忘记。前文中提到的那位科学家的夫人，也就是我的朋友，她本身也是一位科学家，在日本念书的时候成绩总是名列前茅，在东京大学研究生毕业后前往美国。如今，她已经成为美国历史最悠久的医学研究机构的研究者。

她曾经对我说，"我在日本学的知识都是为了应付考试，现在几乎都忘光了，但在美国学的东西却全都牢牢地记住了，或许是因为在美国学的东西不像在日本的时候那么多吧"。

　　我们经常说，不让孩子思考，只是一味地死记硬背的"教育"并不是"真正的教育"。

　　另一位将孩子培养成优秀人才的朋友，在孩子还很小的时候就告诉他"地球是漂浮在宇宙之中的一个圆球体。所以如果你一直向前走最终还是会走到原来的位置"，甚至还向孩子提出"神和佛到底哪个更伟大"这样的无解难题。

　　**孩子会因为这些有趣的问题而产生出好奇的心理，从而体会到自己思考的乐趣。**

　　由此可见，家长对孩子提出值得思考的问题，将在很大程度上影响孩子的思考习惯。

**Ⅱ　"给学习找个动机"**

# 4. 告诉孩子学习能带来的"好处"

——孩子们要走上社会之后才能理解"书到用时方恨少"

问卷调查结果

---

**让孩子理解"学历"的重要性**

一味地强迫孩子学习只会遭到孩子的反抗，所以我认为让孩子知道"为什么要好好学习考一个好大学"是非常重要的。如果孩子不能自己认识到学习的重要性，那么肯定无法忍受学习过程中遇到的困难。不管家长对孩子进行多么严格的管教，孩子都一样有机会偷懒。可以让孩子了解社会现实的严峻性，或者多和孩子强调高学历带来的好处。

（庆应义熟大学经济学部　N同学）

---

### 让孩子知道学习会给人生带来怎样的影响

从我小时候开始，母亲就一直告诉我学习将会对我将来的收入带来怎样的影响，考试中取得第一名是多么有成就感的事情，学习能够让我的人生变得多么充实。于是我从小就认识到，要想拥有幸福的人生就必须要努力学习。

（东京大学研究生学院学际情报学府　M同学）

### 不想重蹈父母覆辙的想法激励我努力学习

我最感谢父母的地方是，父母在日常的交流中，将他们自己的失败和感到后悔的地方全都非常坦诚地告诉了我。

很多家长都不愿提起自己的失败经验，尤其在孩子面前，说的都是自己成功的光辉事迹。但我的父母却总是说，如果自己在上高中的时候更努力地学英语的话，现在一定会过得更加快乐，旅行的时候也会增加不少乐趣，诸如此类后悔自己当初没有好好学习的话。

我正是因为听了父母说的这些话才开始想要好好地学习英语，想要更多地了解社会。

我不想像父母那样留下悔恨，我想让父母看到我超越了他们！我正是带着这样的心情努力学习的。

对于我来说，像这样的家庭交流提高了我学习的积极性。

如今，我一边想象着自己长大成人后的模样，一边为成为理想中的自己而努力学习，并且能够从中感觉到快乐。

（番外篇：某高中一年生　I同学）

**如果孩子没有学习的意愿，家长再努力也是白费**

如果孩子不想学习，家长想尽一切办法都是白费劲。我的父母为了让我能够主动学习，在**告诉我学习可以让我将来能够从事更多职业**的同时，还为我提供了非常适合学习的环境，这让我自然而然地对学习产生出了兴趣。

（东京大学教养学部  I同学）

## 提高孩子对学习的接受感

——如果孩子不知道"学习的意义"就不会努力

虽然强迫孩子学习会遭到孩子的反抗，但要让孩子了解学习的意义也不是件容易的事。即便如此，**让孩子自己找出学习的必要性和好处，对孩子将来的自主学习将起到极大的帮助。**

孩子很难自己发现"学习的意义"。虽然我曾经不厌其烦地告诉孩子们，学习会给他们的将来带来很多好处，但只要我稍微放松管教，他们就会把学习扔到一边跑去玩耍。

如果一直是这个状态的话，恐怕等我说服孩子们能够自主学习的时候，升学考试都已经结束了。

关于这件事，我还有一件让人哭笑不得的失败经验。

　　大儿子上小学的时候，我和他每天都会因为学习的事吵得不可开交，"快去学习！""不，不想学！"之类的对话更是我家的例行公事。

　　对于本来就不愿意认真学习的大儿子来说，有太多比学习更好玩儿的事情，我很难相信他上中学之后就能变得主动学习，所以并不认为中学升学考试将是决定他一生的分水岭。

　　作为成年人，我见过太多虽然拥有很强的能力，却因为学历太低而饱尝辛酸的人。

　　我以为大儿子也和我一样非常清楚这一点，但实际上，大儿子当时只是小学五年级的学生而已。如果家长不对他说明的话，他根本无法理解学历社会，可是我却将这件事当成人人皆知的常识而忽视了对孩子的解释。

　　大儿子上中学之后的某一天，苦笑着对我说"我上小学的时候，一直以为自己是为了妈妈而学习。以为妈妈是为了向邻居和亲戚炫耀才逼我学习的"。

　　有些对于大人来说是理所当然的事，但孩子们却并不知道，必须大人们告诉孩子们才行。我不由得反省自己，竟然没有把这么重要的事告诉孩子，就强迫孩子为了那么枯燥无味的考试而学习。这样的孩子真是太可怜了。

　　在问卷调查之中，很多学生都回答说，**通过家长了解到学历社会的真实情况之后，自己的学习积极性提高了不少**。还有看到自己的家长因为学历低而吃了亏，于是发奋读书的例子。如果以建筑来比喻的话，那就是按照整体设计的工程图打好基础，其实是非常重要的过程。

　　如果孩子提出将来想要从事的职业，就算这个职业乍看起来属于和学问并没有关系的领域，但也应该告诉孩子，学历太低会在工作的道路上遇到许多阻碍的现实。**为了在将来发现目标的时候，让自己能够拥有更多的选择，学习具有非常重要的作用。**

　　另外，学问和教养，就算家里进了小偷，或者被一把火全都烧光，也是绝对不会丢失或者毁坏的，将会跟随你一生，成为你力量的源泉，有时甚至还会给你激励和安慰。或许孩子并不能理解这么深奥的内容，但就算孩子现在理解不了，将来也总有一天会回忆起你说过的话，从而发挥出相应的作用。

你是否也像我一样以为"孩子能够理解学习的意义"呢？尽管"学历就是一切"并不是绝对的，但还是**应该在孩子上中学真正开始接受应试教育之前，让他了解到学历社会的现实**。如果孩子自己能够理解"为什么应该学习"，那么他对学习的态度就会截然不同。

# 5.　教育环境决定孩子的性格

## ——近朱者赤、近墨者黑

📝 问卷调查结果

### 创造一个考上东大和京大理所当然的环境

人类很容易受周围环境的影响。因此，我父母花费高昂的金额把我送进初中高中连读的重点学校，对我的影响很大。

在我就读的高中，考上东大和京大好像是理所当然的事。如果不是身处于这样的环境之中，恐怕我也不敢想象自己会被东大或京大录取吧。

（京都大学研究生学院　T同学）

### 为创造优越的环境而竭尽全力

我的父母不遗余力地给我创造了一个优越的环境。或许是因为他们就在优越的环境中长大，所以深知优越的环境能够给身处其中的人带来金钱买不到的自信和宽裕的时间。

（京都大学经济学部　K同学）

### 为了跟上周围的朋友而努力学习

我认为是父母"给孩子创造一个能够促使他成长的环境，不强迫孩子努力"的教育方针成就了现在的我。我的父母认为，**如果孩子周围都是既优秀又努力的人，那孩子自然就会被他们感化而变得主动努力。**

父母把我送到初中高中连读的重点学校读书，就算我成绩不佳他们也从不会对我说"再加把劲儿努力学习"。但我自己感觉到自己和身边那些优秀的朋友存在差距，所以为了跟上他们而变得主动努力学习。

（东京大学研究生学院新领域创成科学研究科　I同学）

# 给孩子创造一个能够受到周围"好影响"的环境

——孩子上中学之后必然会受到朋友的影响

正所谓近朱者赤近墨者黑、物以类聚人以群分。通过问卷调查我们可以发现，很多提倡自主放任的家庭，都有一个非常重要的前提条件，那就是他们都将自己的孩子放在了一个优越的环境之中。

我认为在孩子上中学之后，就应该"给他创造一个优越的环境，而不采取强迫的措施"。**让本来就不爱学习的中学生去学习非常困难，**而且对已经上中学的孩子一个劲儿地说"快去学习"也是件很丢人的事。

所以在孩子上中学的时候，必须让他身处在一个合适的环境之中，**使其在**

学校系统、教师、以及同学的综合影响下，就算不情愿也能够产生出学习的欲望。在我的身边，有不少家长都和我有一样的想法。

虽然有句话叫作"宁为鸡首不为牛后"（与其在大集体中排名落后，不如在小集体中名列前茅），但中学和高中却正好相反，孩子最好能够与许多比他更加优秀的人在一起。

因为我觉得在一个重点学校里就算排在倒数几名的位置，也比在普通学校里排名第一学到的东西更多。当然，如果环境过于严酷导致孩子失去自信的话则另当别论。但是如果把孩子放在一个容易懈怠的环境之中，会阻碍孩子自主性的发展。

我家的孩子从上中学开始，就身处在许多既优秀又努力的同学之间，可以说这给他们营造了一个很好的学习环境，当然效果也是非常明显的。因为在这段时期，与家长和老师所说的话相比，朋友的影响更大。在孩子最敏感的时期在这样的学校里学到的东西，毫无疑问将对他未来的飞跃打下坚实的基础。

很多家长采取自主放任态度，认为"健康最重要"而忽视督促孩子学习，或者只是嘴上说让孩子努力学习却不给孩子创造学习环境。但我认为，只有给孩子创造一个能够从周围的刺激中获得成长的学习环境，然后才能采取"自主放任"的教育方针。

那些在中学时代被家长放在想懈怠也不能懈怠的环境之中，就算不想学习也不得不学习的人，请一定不要忘记为你们付出辛苦努力的父母啊。

## 6. 培养在学习上的"竞争意识"

——激发孩子的"求胜欲望"

问卷调查结果

---

**用不服输的态度努力学习**

　　我之所以能够考入理想中的学校，**多亏我的父母教育我拥有不服输的竞争意识**。因为我不希望自己在考试中的分数和排名落在别人的后面，所以非常自觉地努力学习。

（庆应义熟大学研究生学院理工学研究科　K同学）

---

**因为不想输给朋友所以自然而然地努力学习**

　　虽然我并不是特别喜欢学习，但我有一个从小就关系很要好的朋友，**为了在学习上不输给他，我非常自觉地努力学习**。这种竞争意识正是我努力的原动力。

（东京大学经济学部　A同学）

# 让孩子在进入竞争社会之前习惯竞争

——舞台上不需要6位白雪公主

曾经有一段时间，一部分的小学提出应该在运动会的时候"不计算名次"。而在学校的文艺表演中让尽可能多的孩子担任主角的情况，如今仍然存在。甚至在一次戏剧表演中舞台上出现了6位白雪公主。

学校之所以这样做，是因为过度地考虑了"如何才能让家长没有抱怨"。但我认为，**在孩子进入竞争社会之前让孩子掌握竞争的方法，是家长非常重要的工作。**

以我们家为例，我认为让家长也一起参与到孩子的竞争中来，有助于培养孩子的竞争意识。我家的大儿子在小学4年级的时候上了一家补习班，补习班里有一位经验非常丰富的教师这样对我们说道。"小学生的能力实际上都相差无几，所以**中学升学考试准确地说就是家长之间的竞争**。母亲的努力自不必说，父亲提供的帮助也非常重要。"

我想让大儿子在补习班里考第一名，哪怕只有一次也好。虽然当时我已经40岁了，但我还是**趁大儿子去上学的时候自学了他所有科目（语文、数学、理科、社会）的考试内容，然后非常详细地将解题方法教给大儿子**。因为大儿子很贪玩儿，用在学习上的时间绝对是不够的，所以我只能尽可能地想办法提高他单位时间的学习效率。

比如数学在考试范围内有40道练习题，我会把这些题全部做完，然后选出其中质量最高最有代表性的20道题，然后与大儿子一起再重新做一遍。 这样的话，虽然大儿子只做了20道题，但是却可以获得与做40道题差不多的效果。

与一次面对三四十名甚至更多学生的补习班老师相比，**与孩子一对一的家长更容易了解自己的孩子在学习上存在什么问题，所以与孩子一起学习是非常有效的方法。**

虽然我没想到自己这么一大把年纪了还要重新拿起书本学习，但结果证明我的努力没有白费。

没过多久，我的大儿子就考取了第一名的成绩。之后他逐渐体会到了学习的乐趣，而且萌生出了自尊心，为了不让自己的成绩落后而自觉地努力学习。**哪怕是很小的成功经历，也可以使孩子萌生出"自信"和"对胜利的执着态度"。**

回忆起来，补习班为了促进孩子们的竞争而采取的一系列方法也是很有效果的。我曾经对几个补习班进行过比较，最后选择了一家比较小的补习班，因为这家补习班为了能够生存下去，需要想尽一切办法将自己的学生送进重点中学。补习班的教师拥有很强的竞争意识，我将一切都赌在了这些老师的竞争意识上。

这家补习班不仅采取按照学习成绩分班的制度，就连座位的顺序也是按照成绩来安排的。虽然这种做法放到现在的话肯定会遭到家长们的反对，**但我家的大儿子却为了能够坐在第一排最右边代表着"第一名"的位置上而拼命地学习。**

结果大儿子如愿以偿地考上了当时京都最难考的重点中学，后来他也很坦白地承认，当时我和他一起学习的方法很有效果。

如果孩子自己没有竞争意识的话，家长应该燃起竞争意识，然后教给孩子竞争的方法，给予孩子能够在竞争中获胜的自信。除非你能够保证孩子一生都不用进行任何的竞争，否则竞争意识的重要性都是不言而喻的。

# 7. 可以用"报酬"来激励孩子学习吗?

—— 有些孩子只对眼前的利益感兴趣

问卷调查结果

---

### 金钱刺激成为学习动力

小学时每次我考试拿了满分就能从父母那里得到零花钱奖励，因此我非常努力地学习。就算不用金钱做奖励，只要对学习给予相应的奖励都可以。关键在于让孩子喜欢上学习，养成主动学习的习惯，这就是最理想的。

（庆应义熟大学环境情报学部　K同学）

---

### 为了能买喜欢的东西而学习

在我上中学之前，只要我在学习上取得一定的成果，就会得到母亲的称赞，她还会给我买许多我喜欢的东西。我为了得到母亲的称赞和买喜欢的东西而非常努力地学习。

（东京大学研究生学院学际情报学府　M同学）

# 用奖励来刺激不爱学习的孩子

## ——采取"奖励制度"的家庭意外地多

虽然我的丈夫总是对孩子们宣传"学习的意义",但孩子们对于这些关于遥远未来的话题根本不感兴趣。

像这样不管家长讲什么大道理都是白费口舌,孩子无论如何都不肯学习的情况,应该怎么办呢?

我家采取的办法是"物质奖励法"(虽然这不是什么值得夸耀的事)。其实在本章的一开头,大儿子就已经泄露了我们家的"奖励制度",所以我也没什么好隐瞒的了,不过我家的这个战术实际上大获成功。

因为我这个人比较爱面子,对于用这种歪门邪道的方法引诱孩子学习感到很羞耻,所以我对外一直保密这件事。但在我4个孩子就读的不同学校里,都有采取这种战术来促进孩子学习的家长,这让我在大吃一惊的同时也感到有些哭笑不得。

在问卷调查中我还发现,有不少学生都是因为取得好成绩就能获得奖励,所以才努力学习的。或许对于那些孩子能够自己主动学习的家长看来,这是非常低级的教育方法,但不管黑猫白猫只要能抓住老鼠就是好猫。

为了让不愿学习的孩子能够考上重点学校,家长愿意尝试任何办法。因为一旦考上了重点学校,孩子的周围都是朝着同一个目标前进的同学,自然会在老师的带领下不断前进。

　　我家的大儿子在参加中学升学考试的时候，非常想买热带鱼（亚洲舌骨鱼）和能够让这种鱼自由自在地游来游去的大鱼缸。于是他的父亲就抓住了儿子的这个弱点，两个人秘密地约定了奖励制度。当我知道他考试取得第一名就能够得到1万日元奖励的时候确实大吃了一惊。前文中提到过的我与儿子一同**学习，再加上父子二人的秘密约定，让儿子的学习态度发生了一百八十度的转变，开始拼命地努力学习起来。**

　　当然物质奖励的战术也并不是每次都能够奏效，还有关于应该根据结果给予奖励还是应该根据过程给予奖励的不同意见。不过这个战术在我家执行得非常顺利。

　　**确实有些孩子只对眼前的利益感兴趣，不管你对他说多少将来的事情他都不为所动。**所以尽管物质奖励并不是特别值得提倡的办法，但总好过束手无策的什么也不做吧。

　　对于提不起干劲儿的孩子，关键在于选择适合孩子性格的方法来对其进行激励。这种方法实行的越早越好，最好在小学时期进行，当时的成功经历将会给孩子带来极大的自信。

**Ⅲ　培养孩子的"学习观"**

# 8.　重视结果VS重视过程

——结果和过程都很重要

📋 问卷调查结果

---

**根据结果进行"赏罚分明"的教育**

　　我的父母都是重视学历主义和成绩主义。所以**只要我考试能够取得好成绩，不管在家做什么都能得到默许**。反之，如果我的成绩不佳，就会被父母关在房间里强迫学习。虽然高学历确实是有必要的，但我希望家长不要把孩子的前途看得太狭窄，以为只有升学这唯一的出路。

（东京大学法学部　　W同学）

---

### 与结果相比我的父母更重视过程

我的父母属于重视过程更胜结果的人。**当我为了达成目标而努力学习的时候，他们比任何人都支持我**。就连我在高中考了最后一名时，他们也从没有对我说过一句"快去学习"。

（京都大学研究生学院经营管理教育部　I同学）

### 希望父母告诉孩子"乐趣"的重要性

因为我的父亲是一名企业家，所以从我小时候开始，他就**要求我不管做什么都一定要取得具体的结果**。比如我要加入少年棒球队，他就要求我必须在4年之内成为队长否则就要退出；我说想要打网球，他就要求我必须获得都大赛的出场资格否则就不能继续打了。我觉得父亲的这种教育把我变成了一个"结果主义"的人。

我在上高中的时候误认为只有结果才是最重要的，结果导致了自己和团队里其他队员的对立。因为我无法理解那些对胜利缺乏渴望的队员心中究竟是怎么想的。所以我**希望父母在要求孩子"追求结果"的同时，也应该告诉孩子"乐趣"的重要性**。

（一桥大学　U同学）

# 关注结果，也要对努力给予相应的评价

## ——结果并不能够代表一切

应该重视结果还是重视过程？这是在许多情况下都可能出现的问题，当然**最坏的情况就是结果和过程都很差。**

我的二女儿中学参加了学校的某个体育俱乐部，每天早晨和下课后都要训练，非常辛苦。二女儿回到家的时候整个人都精疲力尽，几乎在玄关就想躺下，最夸张的是有一次在洗澡的过程中直接睡着了。包括我在内的许多学生家长都对这个俱乐部的训练方法感到不满，认为过于严格的训练不但影响学习还导致孩子没有家庭生活。

而且，这个俱乐部还不是什么强队，每次都在比赛中早早地就被淘汰掉。于是我们这些家长直接对俱乐部的教练说"既然队伍没什么实力，不如这样算了吧，希望能够减少一些训练的时间"。

但当时教练却这样说道，"不管成绩如何，坚持每天严格训练的这个过程，也是体育运动的意义所在"。

这件事也让我意识到，结果与过程都不好的情况，是任何人都不能够接受的。

但是如果将这种情况放在学业上又将怎样呢？不在意结果，只重视过程的教育真的行得通吗？首先，学习必须有一个目标。在一个好老师的指导下，为了体会到学习带来的喜悦，通过学习使自己得到成长，**也必须在经过一段时间**

的学习之后确认自己是否取得了相应的成果。

另外，问卷调查上有许多学生提出"不能只注重结果，也应该同样重视过程""希望家长能够教会我享受过程的重要性"，对于这一点我也非常理解。

我也曾经有一段时期，不管是玩游戏、学习还是学校组织的活动，都必须要成为第一才行，因为我无法理解那些不努力拼搏的人的心情和想法，所以搞得自己人际关系非常紧张。**不管多么重视结果，如果因此而让自己的心胸变的狭隘，甚至与周围人的关系变得僵化，那也不会感到幸福。**所以身为家长，应该让孩子知道，在这个世界上结果并不能够代表一切。

我认为，只要过程做得好，结果一定会随之而来。与在考试前集中复习然后取得一个好成绩的人相比，尽管有时候考试分数一般，但**平时一直努力学习的人，最后一定能够取得更好的结果。**

结果固然重要，但为了改善过程而付出的努力也值得肯定。

## 9. 不论什么类型的孩子都应该让他读大学吗？

——应该读大学的人和不应该读大学的人的区别

问卷调查结果

**考上大学并不是通往幸福的唯一道路**

从我亲戚家孩子的升学状况，以及通过母亲了解到的其他母亲的亲身经历来看，**确实有些孩子在性格上"不适合考大学"**。比如我就有一个亲戚家的孩子特别不喜欢学习，不顾家长的强烈反对，去了一家维修公司上班。他很擅长维修机械，感觉自己的工作特别有意义，而且凭借自己的能力在短短几年之间就赚了不少钱，买了自己很喜欢的跑车，过着非常快乐的人生。

我认为**人生成功的方法多种多样，考上大学并不是唯一的答案**。我不赞成家长从一开始就以"让孩子考上大学"为目标进行教育。

（东京大学研究生学院 K同学）

---

### 有的人或许不适合上大学

虽然这个社会上普遍认为考上一流的大学是最好的出路，但或许有些孩子的理想并不是上大学。在这种情况下，家长应该与孩子充分地进行交流，尊重孩子的意见，让孩子在他感兴趣的领域发挥自己的才能，这才是最好的选择。

（东京大学研究生学院经济学研究科 H同学）

---

# 所有人都适合上大学吗？

—— 在孩子发现自己的天赋之前，关键在于增加他的选项

或许并不是所有人都认为考上大学是个好选择，但我认为，**在孩子还没有发现自己的天赋和目的之前，让孩子上大学增加选择的余地非常重要。**当然并不是说大学的一切都是好的，给孩子一个能够开阔视野，刺激学习的环境才是最重要的。

在2006年夏季甲子园上引发话题的"马君"田中将大和"手帕王子"齐藤佑树在高中毕业后各自的选择就很有对比性，马君选择进入职业棒球的世界，而手帕王子则选择上大学。

如果当时马君选择上大学的话，恐怕他就不会被野村教练评价为"马君是神之子，不可思议的孩子"，我们更看不到他在职业棒球场上的活跃表现了。所以说这是**确定目标之后一心一意努力并且取得成功的绝佳例子。**

另一方面，尽管齐藤选手在大学棒球的比赛中仍然大放异彩，但与从事职业棒球的马君已经出现了巨大的差距。不过人生的胜负才刚刚开始。

齐藤选手在大学之中学到的知识和经历，马君恐怕是没有机会经历了，但马君在职业棒球的世界之中所经历的一切，也需要齐藤选手在今后的人生中多多学习。

年轻的齐藤选手在今后的人生中，会如何将他在大学里学到的东西发挥出来呢，是否能够超过他在棒球上的成就呢，他的未来充满了无限的可能（当然马君的未来也充满了无限的可能），仅凭现在的数字，就说他在高中毕业之后没有直接进军职业棒球是一种失败还为时过早。从漫长的人生来看，除了少数天才之外，在年轻的时候尽可能地增加选项，是对将来人生最大的投资。

如果已经发现了自己的天赋和找到了发展的方向，那么立刻进入社会在自己的道路上钻研精通或许是一个好选择，但对于尚未搞清楚自己的强项以及对未来的目标不甚明确的绝大多数孩子来说，上大学是比较好的选择。

很多人都是通过在大学之中的学习，才第一次体会到满足求知欲所带来的乐趣，并且为自己将来漫长的人生增加了更多的选择，拓宽了自己的视野。

更重要的是，**在敏感的青春期，与许多同龄人相互交流、相互影响，具有非常重要的意义**。除此之外，学历在许多行业都具有非常重要的作用。

近年来，随着少子化、价值观多元化、全球化等不断发展，各大学都针对这些情况新开设了许多专业学科。因此今后的学生将会拥有更多的选择。这也可以让**孩子见识更多的世界拓展人脉，成为发现自己天赋和想要从事职业的契机**。

虽然在这个世界上，也有像比尔·盖茨和史蒂夫·乔布斯那样认为念大学是在浪费时间的天才，但对于像我这样的普通人，特别是那些还没有定下明确目标的孩子来说，不念大学对于将来的人生确实具有极高的风险。

# 10. 不要教孩子学习至上主义

——学习好并不是什么了不起的事情

问卷调查结果

**学习好并不是什么了不起的事情**

我的父母从不强迫我学习，更重视对我的品德和素质的教育。因此我一点也没有"学习好就很了不起"的想法。事实上，学习会使自己受益，但如果只学习却不能学以致用的话，那么就不能给他人做出任何贡献。

我认为给孩子灌输"学习好就很了不起""很厉害"的思想是不合适的。因为这**很容易使孩子错误地认为自己学习好就很了不起**。虽然将学来的知识用来满足一己私欲属于个人的自由，无法对其进行指责，但这也不是什么值得称赞的事情。

（东京大学研究生学院情报理工学系研究科　T同学）

## 学习并非"不学不行"而是"能学最好"

　　我的父母一直到我高中毕业都没有干涉过我的学习。另外，当我取得好成绩的时候他们会夸奖我，但如果我成绩不佳他们却不会大发雷霆。因此我一点儿也不觉得自己学习是为了父母，学习完全是为了自己而学。我非常感谢我的父母，是他们让我知道了学习并非"不学不行"而是"能学最好"。

（京都大学经济学部　F同学）

# 无意中的一句话，也会影响孩子的价值观

——过分注重学历会让孩子出现错误的认知

　　父母带有偏见的观点，即便只是关上门在家里说说，也有可能从孩子的嘴里传到外面去，甚至影响到孩子的价值观。而且这种影响还有可能直接成为"孩子的学习观"。

　　我认识的一位小学校长经常说，"小孩子的道德教育，必须和家长一起进行"。也就是说，如果家长是用偏见来评价别人或者成绩至上主义的话，那么他们的孩子很有可能也是这样的。

　　回忆起来，在我的4个孩子就读的补习班里，都有那么一些认为取得好成绩就等于赢得了天下的家庭。尽管中学考试的成绩根本不可能保证一生的幸

福，但他们还是摆出一副高高在上的姿态，言谈举止之中都流露出对他人的轻蔑，而且他们自己还对此浑然不知。

在这个世界上，有许多虽然学历不高甚至没有学历，但却仍然对社会做出贡献的人，也有许多虽然拥有很高的学历，但是却没有对社会做出相应贡献的人。

如果将那些通过艺术和体育运动为社会做出贡献的人也包括进来的话，那么单纯在补习班或者学校的考试中取得了好成绩就觉得自己高人一等这种想法本身就是最令人感到羞耻的。

如果家长拥有丰富的知识和宽容的价值观，而且为人谦虚正直的话，那么他们的孩子一定不可能态度蛮横。有的孩子虽然成绩好，但是却表情冷漠，缺乏社交性，对别人爱答不理。好的情况下，这样的孩子或许会因为碰壁而意识到好成绩在社会上并不通用，但可悲的是，很多成人都没有意识到这个事实。

真正意义上的优秀的人，其人格本身就非常优秀。**在他们的言谈举止之间充满了对他人的关怀，处处都透露出一股谦恭的态度。**

与之相对的，越是半吊子的人，越容易摆出一副高高在上的态度，这样的人即便拥有非常丰富的专业知识，在做人上也只能是二流的人。

一流的人没有必要显示自己的威严，就算非常谦虚也一样有十足的气场，能够自然而然地获得周围人的尊敬。

正所谓"饱满的稻穗低着头"（越是优秀的人越谦虚），**要想将孩子培养成像饱满的稻穗那样的人，家长的价值观和道德观非常重要。**

将提高考试分数作为最主要目标的教育方法，只能将孩子培养成以毕业院校的偏差值作为自尊心来源的狭隘的人。而且这样的孩子对他人的判断标准也只有学校的偏差值，缺乏广阔的视野，非常枯燥乏味。

**本章要点**

# 让孩子萌生强烈的求知欲才是最重要的学习

在本章中，我们一起思考了让孩子养成学习习惯的方法。不只本次的问卷调查，很多培养出优秀孩子的家庭都认为"不强迫孩子学习"非常重要。

但是，从实际情况上来看，这些家长并非什么也不做，单纯地对孩子采取自主放任的教育方针。

很多家庭为了刺激孩子的学习积极性，采取了各种各样的方法。另外，将孩子放在一个良好的环境之中，也是自主放任教育方针的前提条件。

学习积极性的源泉有很多，其中家长自身的学习习惯是最重要的。因为孩子就算不听家长的话，也会模仿家长的行动。

让孩子努力学习固然重要，然而更重要的是接下来的内容，那就是"提高孩子本质的学力"。

这里所说的"学力"绝不是单纯提高考试分数那种小儿科。而是让孩子拥有强烈的好奇心，像海绵一样吸收新知识的学习习惯。为了养成这种将来能够成为孩子最有力武器的学习习惯，父母需要注意一些什么呢？

让我们再来回顾一下在本章中讨论过的内容吧。

### "养成习惯"

**❶　不强迫孩子学习**

你是否强迫孩子学习？由上而下强制性地让孩子学习，会起到相反的效果。教育中最重要的事情，是让孩子了解到学习的乐趣。

**❷　在童年时期培养孩子的"学习习惯"**

你是否帮助孩子养成了学习习惯？幼年期教育最重要的内容，就是让孩子养成学习习惯。小时候比长大成人之后更容易养成学习习惯。

**❸　培养动脑能力**

你是否通过激发孩子的兴趣来培养他的思考能力？通过充满乐趣的游戏来磨炼孩子本质的思考能力吧。

### "给学习找个动机"

**❹　告诉孩子学习能带来的"好处"**

你是否向孩子传达了学习的意义？如果孩子不了解学习的意义，就不会自己主动学习。

**❺　教育环境决定孩子的性格**

你是否给孩子创造了一个优越的学习环境？孩子最容易受同年级学友的影响。所以最好将孩子放在一个能够最大限度刺激他成长欲望的学习环境之中。

**❻　培养在学习上的"竞争意识"**

你是否让孩子做好了将来进入竞争社会的准备？如果对孩子过度保护，那么孩子很容易在现实社会的竞争之中败下阵来。在孩子走入残酷的社会之前，必须让孩子拥有竞争意识，掌握在竞争中获胜的方法。

**❼　可以用"报酬"来激励孩子学习吗？**

你是否因为孩子不肯学习而感到绝望？在自主放任的教育方针下能够自己主动学习的只有极少一部分优秀学生。绝大多数的孩子都需要通过各种方法提高学习积极性才能够学习。

### 培养孩子的"学习观"

❽ 重视结果VS重视过程

你是否只以考试分数来评价孩子？如果只重视结果而不重视过程，很容易使孩子的视野变得狭窄，从而放弃对改善过程所做的努力，被结果所左右。

❾ 不论什么类型的孩子都应该让他读大学吗？

你是否一定要让孩子去念大学？考虑到孩子将来的目标和适应性，不应该一味地追求那些一流的名牌大学，而应该帮助孩子做出适合他将来发展方向的选择。但如果孩子并没有明确的前进方向或者目标，那么通过念大学来增加选项是非常重要的。

❿ 不要教孩子学习至上主义

你是否只以学历评价孩子？如果不以多元化的价值观和尺度来培养孩子，那么就算孩子学习很优秀，也很有可能成为一个对除了考试分数之外的任何事都漠不关心的人。

第六章

# 让孩子"学习书本以外的知识"

与考试的分数相比，"教养"才是一生的财富

# 童年时期的家教以及家长的举止是
# 决定孩子未来成功与否的关键

写在本章之前——金武贵

前几天，我和3名哈佛商学院的毕业生在家里举办烤肉派对，**他/她们的言谈举止让我深有感触**。

可以说，通过一场烤肉派对就能够看出那些优秀的年轻人将来是否能够成为一流的精英。一流的精英不但会主动去购买食材，还会自己烧烤五花肉。他们会带来很多用来下酒的甜点和小菜。在餐桌上互相谦让座位，一旦孩子哭闹就会立刻把孩子带到外面去。他们会把自己脱下来的鞋子摆放得井然有序。而且在宴会结束之后会把餐盘洗得干干净净。

也就是说，**一流的精英们，不管做什么事情都表现得很有教养，能够主动地做出对周围人有帮助的事**。

与他们形成鲜明对比的是，我不但什么也没有做，而且毫无顾忌地坐在最中间的位置上大口地吃着最好的五花肉。忽然，我感到这是确认当时正在执笔中的这本书的内容妥当性的绝佳机会。于是我对他们问道，"现在我正和南瓜夫人合著一本关于领导能力和育儿方法的书，你们觉得自己接受的家庭教育中，什么是最重要的，是你们也希望应用在自己孩子身上的"，结果3个人回答道。"为了开阔视野刺激孩子的好奇心，让孩子尽可能尝试更多的挑战""不要总是对孩子说快去学习""严格的家教"这三点也是那些非常优秀的商界领袖们在家庭教育方针中最优先列举的内容，关于前面两点，在前文中我们已经讨论过了。那么在本章之中，我们将针对之前一直没有提到过的"教养"的具体内容进行讨论。问卷调查的回答主要集中在以下6个方面。

**培养孩子有自制力、爱心、教养**

❶　培养孩子的自制力与爱心

❷　让孩子拥有健全的金钱意识

❸　培养孩子的教养和感性

**用家长的行为来正确引导孩子**

❹　教育孩子时要"职责分担"

❺　家长的交谈造就孩子的性格

❻　孩子模仿家长的言行

将单纯头脑聪明和高学历的偏差值精英与一流的专家做对比，就会发现他们之间的差距绝大多数都来自于由教养决定的"自制力"。

教养包括"遵守时间""不浪费""张弛有度（该学习的时候学习，该玩儿的时候玩儿）""按时完成作业"等许多基本的生活习惯，**这些用来严格要求自己的自制力，正是在孩子走入社会之后决定其是一流还是二流的重要因素。**

很多"一流人才"都说自己的父母从没有强迫过自己学习，也没有对自己进行过什么管教。我为了创作本书，专门找那些特别优秀的朋友非常仔细地向他们询问"究竟你们家采取了什么教育方针"。结果我发现，凡是说"自主放任""父母什么也不说"的人，他们的父母都是像东大或阪大的教授那样非常有学问的人，因为父母本身就热衷于学习，所以即便他们不对孩子说什么，孩子也自然而然地模仿父母的行动。

仔细想来，在商业上大获成功的精英，"父母都是学校的老师"的情况多到令人惊讶。当然关键不在于父母是不是大学教授或者学校的老师，而在于父母自己有没有学习习惯，是否在每天的行动中将这种习惯表现了出来，用无言的行动来潜移默化地影响孩子。

本书之中反复强调的一个主题，就是**父母的行动将会对孩子造成极大的影响**，希望大家牢记这一点。

能体谅他人的心情，待人接物有礼貌，这些影响将来人际关系的重要习惯，都是由小时候的教养决定的。在本章中，我们不考虑学历和金钱等外在的东西，只讨论决定一个人深度和广度的教养的重要性。

接下来，让我们和南瓜夫人一起，思考一下为了能够在将来发挥出领导能力和自制力而养成生活习惯的"人性教育"的重要性吧。

**❶　培养孩子有自制力、爱心、教养**

## 1. 培养孩子的自制力与爱心

——有教养的孩子才可爱

📝 问卷调查结果

---

**在孩子小时候严格管教，之后靠孩子的自主性**

　　我的父母采取的教育方针是，在我上高中以前一直对我严加管教，但在我上高中之后就非常尊重我的自主性。

（名古屋大学　K同学）

---

**在义务教育期间采取人性化教育**

　　我希望在义务教育期间，父母能采取更加人性化的教育。这样的教育，可以使孩子能够**意识到学习的重要性以及精英背负的社会责任**，自觉地以考上东大或者海外知名学府为目标而努力学习。

（东京大学法学部　M同学）

> **希望家长重视孩子的人格教育**
>
> 在中国也有许多只重视学习的家庭教育。我希望家长能够更重视对孩子的人格教育。
>
> （京都大学公共政策研究生学院　C同学）

# 严格管教

——待人接物的方法、礼仪与自制力是决定人性的关键因素

很多家长都重视孩子的学习，但却容易忽视道德方面的教育。从这个意义上来说，当孩子长大之后之所以与他人存在差距，或许就是因为幼年期教养不足导致的人性缺失。

教养中最重要的是**培养自制力**。"即便麻烦也要把周围打扫干净""就算不情愿也要完成作业""就算有其他事情要做也要严格遵守约定的时间"，这些都是自制力的表现。

另外，教养还表现在待人接物的方法和对他人的关怀上。在饭店对服务员的态度、坐出租车时对司机的态度、在宾馆对前台的态度等，**父母"对待他人的态度"将会直接对孩子造成影响**。孩子小时候从父母身上学到的东西，长大成人之后仍然会保留下来。

在培养人性的教育中最大的阻碍，就是"家长的溺爱"。**父母很容易对年**

**幼的孩子盲目宠爱，结果忽视教养方面的管教**。小时候缺乏教养或许表现得不是很明显，但当孩子上了中学之后，缺乏教养的表现就会非常明显。但是到了这个时候再想对孩子进行管教就相当困难了。

虽然不管有没有教养，家长都会喜欢自己的孩子，但**在他人的眼中看来，只有有教养的孩子才可爱**。

在本书的开头，武贵也提到过，即便是同样头脑聪明的人，在工作能力和人际关系上却存在着极大的区别，这究竟是为什么呢？关键就在于小时候培养出的自制力、对他人的态度以及人性教育的差距。

很多人都感谢父母对自己的严加管教，让自己成为一个有教养的人。

另一方面，在问卷调查中也有人提出"希望父母能够对我进行提高人性的教育"。

**如果孩子缺乏自制力、不懂得如何待人接物，那么走上社会之后吃亏的也是孩子自己**。所以作为家长必须适当地对孩子进行管教使其成为一个有教养的人，否则就要做好让孩子在充满荆棘的道路上艰难前行的心理准备。

# 2. 让孩子拥有健全的金钱意识

### ——不会管钱则不管赚多少都是白搭

📋 问卷调查结果

---

**家长总是对我强调"金钱的重要性"**

我们家在金钱的问题上非常严格。我没有父亲，母亲一个人把我们兄弟四人拉扯大。每当我们吃着粗茶淡饭，或者发觉到与朋友之间的经济差距等让我们感觉到自身贫穷的状况时，母亲就会对我们强调金钱的重要性。

（东京大学研究生学院经济学研究科　N同学）

---

**对赚钱有罪恶感**

我家从不给孩子零花钱，还严禁孩子做兼职，所以我完全没有经济观念，甚至对赚钱有罪恶感。

（早稻田大学　M同学）

---

**适当地培养孩子的金钱观**

我希望家长能够对孩子多进行一些"与金钱有关的教育"。当我升入大学之后，认识了许多独自生活的朋友。**当我将自己和朋友的金钱观做对比的时候，发现我和他们存在着巨大的差距。**具体来说，独自生活的朋友能够合理安排自己的生活费和各项费用，而我则完全没有概念，就算找父母询问，他们也会用"这不是小孩子需要知道的事"，一句话就把我打发了。

（某大学研究生学院 S同学）

# 金钱观中最重要的是"计划性"

——给孩子"一年的零用钱"，让孩子学会管理预算

孩子想要独立自主的生活，"正确的金钱观"是最重要的。

或许是受儒教文化的影响吧，很多人认为提起金钱的话题是"可耻"的。**但在亲子之间，这个话题却是绝对不能够回避的。**

即便是不太富裕的家庭，父母也不希望自己的孩子因为金钱的事情而苦恼。况且在教育方面，家长更不愿让自己的孩子因为经济上的原因和富裕家庭的孩子之间出现差距。

不过，谁也不能对金钱一无所知地度过一生。让孩子懂得量入为出、就算

有钱也不能浪费这些道理，是家长的责任。或许有人认为提起金钱的话题，尤其是与赚钱有关的话题是"下等"的，但这是绝对的错误。**用自己的汗水、自己的专业和特长或者资产来获得等价的报酬，本就没有上等和下等的区别。**

让孩子知道辛勤劳动的重要性，以及为了轻松赚钱和不劳而获去赌博的人的悲惨下场，这都是家长的责任。

另外，还应该具体地教给孩子如何计划使用自己的金钱，培养资金管理的能力。

在资金管理方面，我有个朋友**一次性给孩子一年的零花钱，让孩子自己记账并对资金进行管理。**

通过问卷调查我们发现，家长不必逐一地给孩子买全在学校所需的生活用品，而是将必要的资金一次性交给孩子，让孩子自己管理生活费与学费，这种方法有助于培养孩子对金钱的管理能力。

不管家庭多么富裕，如果没有一个正确的金钱观，那么转眼间就可能变得穷困潦倒。不管富裕还是贫穷，**金钱观将在很大程度上决定一个人的人生，这一点请千万不要忘记。**

# 3. 培养孩子的教养和感性

## ——增加孩子在家里接触艺术的机会

📝 问卷调查结果

---

### 希望父母让孩子多接触艺术

父母在我上小学之前，给我创造了许多接触一流艺术的机会，以此来刺激我的感性。我的父母都从事音乐相关的工作，所以我从小就在优美的旋律中长大。在我上中学之后，父母就从没有对我说过"快去学习"之类的话，不过因为父母从小就让我接触美术和艺术，我认为这对我后来的感性的形成具有非常重要的影响。

（东京大学研究生学院工学系研究科　W同学）

---

### 只学书本知识太枯燥乏味

我的父母都很有教养，经常带我去看歌剧和音乐会。父母的朋友经常来家里做客，他们在一起很愉快地探讨文化和艺术，这对我造成了潜移默化的影响，使我感觉只在学校里学习书本上的知识太枯燥乏味。于是我也自然而然地开始喜欢去美术馆和音乐会了。

（东京大学　K同学）

# 空有高学历却缺乏教养的人非常浅薄

*——学历和教养之间没有关系*

是否具有教养和艺术上的感性，是单纯的学历精英和暴发户与受人尊敬的一流人物之间最大的区别。我之所以在这里提出教养的重要性，是因为有太多的领导者（包括政治家），由于缺乏教养和感性而导致语言表达能力不足。

几乎所有的政治家都拥有很高的学历，**这些身居要职的人在发言和答辩时，只要有事先准备好的稿子就不会有什么错误**。但当他们遇到意料之外的问题时，却很有可能做出非常低级的回答。国会议员们出口成脏的例子更是司空见惯。一个人的教养会不经意地在言谈举止中流露出来，同样一个人如果没有教养，也完全可以通过这个人蛮横的态度表现出来。

我有幸接触过一些在全世界都享有盛誉的著名学者。每次见面时，我都会从他们的身上学到什么是一流。**被众人尊敬和信赖的人，在他们的言谈举止和所写的文章中，洋溢着丰富的教养和艺术上的感性**。

他们谦恭的态度，让人完全难以想象他们成就的伟业和身处的地位。在他们所写的书和所说的话中，完全没有高人一等的感觉，他们总是非常谦虚谨慎，顾及他人的感受。

在和这样的人交流的时候，我当然会询问他们在幼年时身处的环境和接受的教育，结果发现，**他们的父母都是非常有教养的人，而且他们也都是在一个充满教养的环境中长大成人的**。

幼年时期的经历、读书以及与艺术的接触，可以培养孩子的教养和丰富的感性。日本的孩子从很小的时候就要开始面对考试的压力，而且处于应试教育的时间还很漫长，所以绝大多数的孩子都很难用从容的心态去面对自己的敏感时期。

不过在家长的努力下，孩子还是可以通过阅读、哲学、美术和艺术来获得磨炼自己感性的机会。

现在的学校教育系统绝大多数都是应试教育，虽然能够应付考试，但却无法让孩子拥有良好的教养。因此，**家长必须在自己的家庭中给孩子创造接触艺术的机会，这是非常重要的。**

教养无关学历和金钱，是每个人都应该具备的。想必每个家长都不希望把自己的孩子培养成一个虽然拥有高学历和高薪水，但是却缺乏教养的人吧。

**Ⅱ** **用家长的行为来正确引导孩子**

# 4. 教育孩子时要"职责分担"

## ——如何做让孩子尊敬的家长

问卷调查结果

**严父慈母**

父亲的严厉与母亲的温柔之间的平衡非常重要。我的父亲要求我做一个经常自己思考"自己应该做什么"的人。虽然这是理所当然的事，但对于当时尚且年幼的我来说还是过于苛刻了。

**但我的母亲却一点儿也不严厉，能够在我痛苦时温柔地将我治愈**。现在回忆起来，正是因为有母亲的存在，我才能够在父亲严厉的教育方针下顺利地成长起来，成为一个拥有明确的自主意识，并且自主行动的人。

（东京大学研究生学院工学系研究科　F同学）

### 父母的职责要分工明确

我家最大的特征就是"父母的职责和位置关系特别明确"。也就是说，我的父亲是"做最终决定的严格的顶梁柱"，我的母亲是"值得信赖的知心朋友"，父亲位于家庭关系的最上层。

母亲的角色非常关键。**如果平时母亲在家总是贬损父亲，那么等孩子进入叛逆期之后也不会听父亲的话。**

（早稻田大学研究生学院先进理工学科研究科　E同学）

## 严厉与温柔之间的平衡非常重要

——当一方对孩子严厉时，另一方一定要温柔相待

如果只是一味地对孩子严厉，会让孩子以为家长并不爱自己，导致亲子关系疏远，使得孩子不愿意听家长的话，家长也就无法对孩子提供意见和建议。

在我们家，我丈夫经常和孩子们发生冲突。尽管现在很流行"家长与孩子做朋友"的亲子关系，但我丈夫是绝对不能接受这种关系的。一旦孩子们表现出肤浅的言行，他就会立刻对孩子进行严厉的说教。这个时候我的任务就是在适当的时机阻止他们的争吵。

对于丈夫，我会告诉他孩子的想法，让他保证以后认真听取孩子的意见。同时还会告诉他**过于严厉和感情用事的斥责并没有效果。**对于孩子，我则会告

诉他们父亲为什么会生气，哪些事情是父亲不能忍受的，让他们以后注意，并且向父亲赔礼道歉。

当然，我在和双方交流的时候都会表示支持他们的观点，作为被夹在中间的调解员，这种"善意的谎言"具有非常重要的作用。

关于父亲与母亲到底应该如何进行"职责分担"，学生们已经在问卷调查中给出了非常明确的答案。

**如果父母其中一方唱了红脸，那么另一方就一定要唱白脸。**在一个父亲非常严厉的家庭里，向孩子传达父亲的想法，作为连接两者的桥梁，就是母亲最重要的工作。很多孩子都是因为有这样的母亲存在，所以才能够接受父亲的严格管教。

然而，很多母亲不但没有起到桥梁的作用，甚至经常在孩子面前数落父亲的不是。同样，把妻子当作佣人一样使唤的丈夫也大有人在。

父母之间的关系如何，或者说，父母在孩子面前如何评价自己的另一半，会对孩子产生非常重要的影响。

要想让家庭内的管教发挥作用，父母之间必须相互尊敬。这样当父母之中的一方过于严厉或者过于溺爱的时候，另一方就可以负责进行调整，所以请一定让孩子尊敬父母双方。

上述内容对于单亲家庭也同样重要。在管教孩子的时候本质上最重要的内容，就是家长一定要把握好严厉与温柔之间的平衡，成为一个受孩子尊敬的存在。

# 5. 家长的交谈造就孩子的性格

## ——家长的"一句话"拖了孩子的后腿

问卷调查结果

---

### 父母交谈的知识水平决定孩子的人性

我的父母都很有文化，在家里交谈的大多都是关于社会、文化和艺术方面的内容。**我的工作观就深受父母之间对话的影响。**我的父亲经常说，所有人都很努力，即便很有才能，也只有极少数人能够在竞争中幸存下来。另外，父亲还有一句口头禅，**专业人士必须又快又好地完成工作。**至于我的学习问题，父母则从不干涉。

（东京大学研究生学院医学系研究科 M同学）

---

### 父母的偏见会传染给孩子

孩子小的时候并不能判断父母所说的话是不是出于"偏见"，因此会潜移默化地将这些偏见都记忆下来。比如"参加学校委员会的活动会影响学习所以应该拒绝""私立高中是考不上公立高中的学生去的地方"（我的老家在农村，所以直到现在仍然很迷信公立学校）等等。**父母不经意间的一句话，很有可能影响孩子对社会的认知。**所以父母在说话的时候一定要特别注意。

（早稻田大学研究生学院会计研究科 A同学）

# 在孩子的面前，不能随便开玩笑和表达偏见

——不管是好话还是坏话，孩子都会一股脑儿地吸收进去

孩子的思想和价值观会受家长言行的影响。

在孩子对善恶尚未形成判断基准的时候，**父母的对话会牢牢地印在孩子的意识之中**。即便父母所说的话"稍微有些不道德"，孩子也一样会照单全收。

我家大儿子在上小学二年级的时候，有一次去朋友家里玩，结果被那位朋友的父亲说"你这种人别和我家孩子玩儿，赶紧滚"。我不知道那位父亲出于何种理由说出这样的话，但据大儿子的班主任说，可能是因为民族歧视的缘故吧。

虽然当时孩子们还是天真无邪的好伙伴，但**因为家长的歧视和偏见很容易影响到孩子**，所以老师对此也非常担心。

小孩子不会区分"真心话和场面话"。所以对于家长故意夸大其词所说的坏话也一样会信以为真。

大儿子上幼儿园的时候，幼儿园的老师对家长们说，"有些'秘密'不要随便对孩子说，因为孩子们会把你们对他们说的所有内容包括'秘密'在内原封不动地告诉我"。

大儿子小学二年级的班主任说，幼儿园的这种情况即便到了小学也仍然没有改变。有一位小学四年级学生的母亲，在家里经常说孩子班主任的坏话，比如"现在的班主任肯定有后台"或者"很看不惯她颐指气使的态度"之类，结

果她的孩子在学校里把这些话全都告诉老师了。

对于家长来说这些都是理所当然应该保守的"秘密",但对于孩子来说,这些话只是普通的交流罢了。或许大人们觉得背地里议论别人算不上什么特别的问题,但**请不要忘记孩子是天真无邪的**。如果在孩子小的时候,家长随随便便地表达偏见或者说一些不着边际的话,肯定会对孩子的价值观造成巨大的影响。

狭隘的偏见只适用于小范围的交流。**这样的价值观会成为束缚孩子飞向广阔世界的枷锁**。想必没有家长愿意让孩子背负上如此沉重的负担吧。

通过问卷调查的回答我们也可以发现这一点,如果家长之间的对话和交流充满知性,那么孩子也会受到非常好的影响。反之如果父母的言行充满了歧视和偏见,那么孩子要花上特别长的时间才能够自己意识到,原来自己深信不疑的那些内容竟然是偏见。

# 6. 孩子模仿家长的言行

## ——"说的"和"做的"一致吗

问卷调查结果

### 就算孩子不听父母的话，也会模仿父母的行动

　　我的父母都是非常重视"自由"的类型，但现在回忆起来，他们也教育过我"不行的事情就是不行"。比如说，绝对不允许吸烟。我的父母在教育孩子之前首先自己就会做到这件事。

　　就算孩子不听父母的话，却会模仿父母的行动。因此，**只要父母养成读书的习惯，那么孩子早晚也会拿起书本阅读**。以吸烟为例，我的父母就都以身作则地从不吸烟，以此来向我说明拒绝吸烟的重要性。

### 父亲用行动为我做了示范

　　我认为父亲是用他自己的行动来教育我。有一天，父亲右脚满是鲜血地回到家里，虽然看起来伤势非常严重，但他却一笑了之。父亲用行动教会了我，作为一名男子汉，就算痛苦的时候也要用笑容去面对。

（早稻田大学政治经济学部　M同学）

---

**我从父母的身上看到了学习的重要性**

在我上小学的时候父母还总是督促我学习，但当我上中学之后父母便不再强迫我学习了。但是**我的父母都是很努力的人，所以当我看到他们学习的身影时，自然而然地认识到了学习的重要性。**

我认为在教育孩子的时候，培养他的主体性很重要。所以与嘴上说相比，以身作则的教育方法更好也更有效果。

（东京大学研究生学院工学系研究科　I同学）

---

# 父母做不到的事，不可能要求孩子做到

——父母不努力，孩子也不可能努力

孩子是父母的镜子。孩子生来就好像是一张白纸，眼看着父母的言谈举止成长起来，所以从爱吃的食物到思考方法都会模仿父母。如果父母不努力的话，就算花再多的钱给孩子创造努力的环境，孩子也一样不会努力。

有不少父亲身为经营者的家庭，在教育上从不吝啬，给孩子一个很大的房间，送孩子去补习班学习，可是孩子却就是不能主动学习。

经过仔细询问后发现，在这样的家庭中，父母只是像念咒一样地对孩子说"有没有学习""快去学习"，而自己却总是跑出去打高尔夫或者唱卡拉OK，在家的时候就整天看电视。结果他们的孩子内心中的真实想法就是，念一个只要拿够了钱就可以上的大学，轻轻松松地混个文凭，然后稳稳当当地继承家业就行了。

因为父母说的和做的不一致，所以孩子当然不会听父母的话去"努力学习"了。

不过，通过这次的问卷调查我们也发现，**在父母都很努力的家庭中，孩子看到父母读书和学习的身影，自然而然地也变得努力学习了。**

也有孩子是因为看到父母辛勤工作和身影，认识到自己必须努力学习。

正如本书中多次强调过的一样，与父母的说教相比，孩子更容易受到父母行动的影响，不管这种行动是好的还是坏的。

或许有人说，即便是很普通的家庭也一样能够培养出优秀的孩子，但在我看来，**这样的家庭只是父母看起来比较普通而已，而本质上却是非常优秀的。**

当然，可能也有将父母当成反面教材为了不重蹈覆辙而拼命努力的孩子，但作为父母最好还是不要寄希望于此吧。

父母做不到的事，不可能要求孩子做到。在孩子的面前展现出自己诚实、努力的一面，用一致的言行来对孩子进行教育，这是作为父母最基本的态度。

## 本章要点

<br>

# 童年时期的家教远比学习更重要，
# 因为它将影响孩子的一生

<br>

自制力、对他人的关怀、教养、金钱观、正确的生活习惯等这些幼儿期的教育，将在漫长的人生中对孩子造成巨大的影响。

"不在公共场所大声说话""在玄关脱鞋之后摆放整齐""收到东西的时候要说谢谢""不浪费""遵守时间"，虽然这些都是小事，但却有很多人并没有养成这些理所当然的习惯，而恰恰就是这些习惯可能会在孩子的将来形成巨大的差距。

特别是待人接物的方法和礼仪，往往具有决定性的作用。经常有人因为相亲对象在餐厅中对服务员的态度恶劣而决定不进行交往，因为这反映出一个人对待周围人的最基本的态度，将会非常严重地影响到他的人际关系。

就算孩子不是特别聪明，或者没有考上一流的大学，但只要拥有这些基础的礼仪，经过漫长的人生历练后，他会发现良好的礼仪和教养比聪明的头脑和高学历对人生的影响更加强大。

正如本章之中所写的一样，孩子拥有良好的教养，才能够得到其他人的喜爱。为了让自己的孩子能够被社会接受，就必须让他拥有良好的礼仪习惯和教养。

在教育孩子的问题上，基本方法与其他章节中介绍过的一样。父母日常生活中的言行，对孩子基础人格的形成会造成非常大的影响。

那么，最后让我们再来回顾一下本章中讨论的内容。

## 培养孩子有自制力、爱心、教养

### ❶ 培养孩子的自制力与爱心

你是否只重视孩子的考试成绩？虽然学习很重要，但对孩子的将来具有更强大影响的是包括自制力和爱心在内的人性教育。是否养成了"讲卫生""不浪费""不迟到""有礼貌""待人接物有礼节"等习惯，将决定孩子将来的人生。如果不让孩子养成良好的教养，将来受苦的是孩子自己。

### ❷ 让孩子拥有健全的金钱意识

你是否让孩子拥有健全的金钱意识？金钱意识是独立生活中最重要的条件之一。应该让孩子从小就认识到赚钱的辛苦，以及合理使用金钱的重要性。

### ❸ 培养孩子的教养和感性

你是否培养了孩子的教养和艺术感觉？学历再高，职务再高，如果没有良好的品性和教养，仍然无法获得尊重。

## 用家长的行为来正确引导孩子

### ❹ 教育孩子时要"职责分担"

你是否对孩子过于严厉，让孩子感到委屈又无处发泄？在教育孩子的时候，一定要注意严厉和温柔之间的平衡。如果对孩子的教育过于严厉导致孩子对家长的爱产生怀疑，那么严厉的教育反而会起到反作用。

### ❺ 家长的交谈造就孩子的性格

你在孩子面前说话的时候是否注意了讲话的内容？父母的偏见和歧视会直接影响到孩子的人性。只有不被社会的偏见影响，能够理解饱受偏见和歧视折磨的人心情和观点的人，才能够因为其人性的光辉而得到尊敬。

### ❻ 孩子模仿家长的言行

你是否以身作则地让孩子养成良好的习惯和教养？孩子会模仿家长的言行。如果不规范自身的言行，就不可能让孩子拥有良好的习惯和教养。

第七章

# 让孩子感受到"不求回报的爱"

父母最重要的工作

# 培养孩子拥有"被他人接受的自信"

写在本章之前——金武贵

围绕着"一流的培养方法"的旅程终于来到了最终章。在最终章我想要说的只有一个内容，那就是**从孩子小时候就让他拥有"自己能够被爱、被信赖、被接受"这一根源的自信。**

几天前，我参加了一个后辈的婚礼。虽然他在某一流的全球化咨询公司的上海分公司工作，但在婚礼上却随处都能够感觉到爱情的甜蜜。

按照惯例上司在婚礼致辞上对新郎好好地称赞了一番。这时我才知道他进入这个公司的经过，倒是非常符合他的风格。据说当时这家公司的招聘期已经结束了，但他却不停地打电话发邮件，拼命地请求对方给他一次面试的机会。结果感动了对方，"既然这么想来我们公司，那就来吧"，这也让我想起他第一次来拜访我时发生的事情。

当时我正在香港的家中休假，这位比我小十几岁的后辈突然前来拜访，"我是你大学里的后辈。现在我正在香港大学留学，无论如何都想和你见一面"。

另外我在婚礼现场还遇到了一个同行的朋友，让我大吃一惊，经过一番交流才知道，这位后辈在找工作的时候曾经去过我这位朋友的公司，**虽然最终没有被录用，但是两人之间的联系却一直没断。**

我在写这本书的过程中，一个在我之前工作的公司里实习过的首尔大学的学生与我取得了联系。他说刚好来到了我所在的城市，非常想和我见一面。**他在实习的时候就经常主动与我交流，尽管我们之间在工作上几乎没有任何的往来。**

回忆起来，那时候他总是邀请我一起吃饭。一般来说，绝大多数的人都会尽力避免与自己的上司接触，所以像他这样的人在上司看来绝对是一个"可爱的家伙"。我和他见面后询问了他的近况，果不其然，他进入自己理想中的公司短短半年的时间，就已经凭借自己的人脉成功地筹集到了资金并且进行了投资，大概很快就会得到晋升吧。

不管在什么行业，年纪轻轻就崭露头角的人都有一个共同的特点，这个特点与聪明不聪明无关。**那些年纪轻轻就崭露头角的人，全都是深受该行业的权威人士喜爱的"大叔杀手"。**而这些"大叔杀手"所拥有的"突击力"，绝大多数都来自于"被比自己年长的人宠爱"的经历。

**这种"被人接受的自信"的根源之一，可以追溯到从幼年期开始就充分地感受到的不求回报的爱。**即便自己勇往直前地突击也"能够被接受"的绝对自信，从他们小时候开始，就已经被深深地根植在他们的"基本人格"之中。

在上一章中提到过的"完美的教养"以及这一章中的"自己能够被爱、被信赖、被接受"的感觉在孩子的幼年期尤为重要，甚至对孩子将来的人脉以及自我实现起着决定性的作用。

每当我询问这些"充满自信"的人的家庭环境时，几乎都会得到以下的回答。

**让孩子在宽松的环境下自由成长**

❶ 正面思考，开明宽松的培养方法

❷ 父母之间绝对不能"互相贬损"

❸ 不与其他的孩子比较

❹ 用"正确的称赞方法"来让孩子得到成长

**用不求回报的爱来守护孩子**

❺ 对孩子的错误行为要坚决予以纠正

❻ 用信赖包容孩子

❼ 对孩子倾注不求回报的爱

　　坚信自己"被爱着"的人，几乎都成长在一个充满爱的宽松的家庭环境之中，父母之间的关系也非常和睦。**正因为从幼年期开始就对父母无私的爱没有任何的怀疑，而且得到了父母的信赖，所以这样的孩子在长大之后也能够信赖别人。**

　　而且，因为在孩子的成长环境中，周围都是"好人"，所以当孩子长大以后他的人际关系也是基于"性善论"。这样一来他会给予别人信赖与爱，而别人也同样会用信赖与爱来回报他，这样自然就形成了一个人际关系的良性循环。

　　围绕着"一流的培养方法"进行讨论的本书终于来到了最终章。为了让孩子拥有自己能够被爱和被信赖的自信，让我们出发前往探寻具体做法的最后的旅程吧。

**❶ 让孩子在宽松的环境下自由成长**

# 1. 正面思考，开明宽松的培养方法

—— 母亲的笑容比太阳的光芒更加耀眼

📝 问卷调查结果

---

**成为一个即便从小事中也能够感觉到幸福的人**

　　我认为，如果让孩子在一个宽松的环境下成长为一个能够从小事中感觉到幸福的人，对孩子来说是最幸福的事。当然这并不是说让孩子自由放任，只是说**让孩子感觉不受限制的教育方法是最好的**。

　　我的父母性格都十分开朗，而且两人的感情很好，我觉得这对孩子的情操教育非常有利。

（京都大学经济学部　S同学）

---

---

**不管多么艰难的时候，周围也充满了乐观的气氛**

在我的家庭之中充满了乐观的气氛，不管多么艰难的时候，也绝对不能让任何开心的机会溜走。在我的学习问题上，家长从来没用过威逼或者利诱，学习完全看我自己的意思。虽然在任何问题上家长都非常尊重我自己的意见，但同时他们也让我知道，最终的结果需要由我自己来承担。除此之外，我的父母还经常保持正面的积极思考。

（东京大学法学部　N同学）

---

# 如何培养出一个"总是很温柔而且积极乐观"的人？

——父母管教太严的话，培养不出乐观开朗的孩子

成长于宽松的家庭中并且能够感觉到父母爱的孩子，与其他的孩子相比明显具有更强的自信。**像这样在良好的环境下成长起来的人所拥有的强大自信，其他人恐怕要花上几十年才能够培养出来。**没错，这个世界就是这样不公平。

在我念高中的时候，有一个叫作真理的同学。她与别人交往的时候总是面带微笑，非常温柔，是一个很优秀的人。她从不会在背地里说别人的坏话，就算其他人都在说某人的坏话，她也能指出这个人值得肯定的地方，并且以此来劝阻其他人。因为真理同学总是很温柔而且保持正面的思维，所以大家都很喜欢和信赖她。

我第一次拥有像真理这样的朋友，我一直都感到非常的不可思议，究竟

应该怎样做才能像真理那样对谁都很温柔，而且总是能够提供积极向上的话题呢？

不过，**当我第一次被她邀请到她家里玩儿的时候，我一下子就明白了，这一切都源自于她"良好的家教"。**

那是第二次世界大战结束还不到20年，东京奥运会还没有举办的时代。她和妹妹在院子里用一个红砖砌成的烤肉炉招待我吃烤肉。

我还品尝了她们姐妹俩亲手制作的曲奇饼干。她们身为牙医的父母趁着诊查的间隙过来和我打招呼，本来应该我表达谢意的场合，但是她的父母却对我说**"能见到女儿最要好的朋友真是太开心了"。**通过这句话，不难看出她的父母对她们姐妹二人有多么重视。

听着他们夫妇二人讲述每年都会参加的"巴黎-达喀尔拉力赛"，我感觉真理同学的家对我来说就好像是出现在小说或电影里面的梦幻世界一般。宽敞的房子、庭院里的烤肉炉、手工曲奇饼干、开朗的父母身为医生却每年参加巴黎-达喀尔拉力赛，这些我即便穷尽一生的努力或许也无法触及的东西，真理同学却一生下来就已经拥有了。

真理同学的自信，以及与嫉妒心无缘的真诚和温柔，正是**因为她成长在父母用爱为她构筑起来的安全基地之中。**

所以每当我被问起"如何培养出一个人见人爱的孩子"时，首先想到的都是真理同学。有一种说法叫"好的教育让孩子不会怀疑别人"，不难想象，在那样一个充满安心感的家庭环境中，真理同学当然会成为一个拥有开朗性格的人。

所谓"好的教育"，不单看家庭有没有经济实力。即便家庭非常富裕，但如果父母都是负面思维而且总是神经质地相互争吵和指责，那孩子也会变得畏首畏尾。

**要想让孩子拥有正面思维而且性格开朗，首先要父母做到这一点。**对孩子来说，拥有一个好像安全基地一样舒适的家庭环境，意义非比寻常。"母亲的笑容比太阳的光芒更加耀眼"，这句话说得一点也没错。

# 2. 父母之间绝对不能"互相贬损"

### ——父母不和会给孩子造成精神压力

问卷调查结果

---

**"父母的关系"造就了我的性格**

　　我觉得对我今天的人格形成影响最大的因素之一，就是我父母之间的关系。因为我的父母非常和睦，所以**我不管面对什么类型的人，都能够毫不胆怯地交流**。我认为在育儿的问题上，最重要的一点就是父母绝对不要当着孩子的面争吵。

（东京大学研究生学院工学系研究科　I同学）

---

**父母吵架的时候，自己也会感到不幸**

　　我曾经在看到父母吵架的时候自己也感到非常的悲伤，所以**决心自己以后绝对不会在孩子的面前争吵**。如果从小就目睹父母不幸的状态，那么孩子肯定也会感到不幸。

（庆应义熟大学　T同学）

**我一直记得父亲贬损母亲的事**

有一段时期，父亲因为在工作上积累了太多的压力，一直当着的面贬损母亲。**我对于这种负面的事情会记忆很长时间，我认为不应该轻视这种心理上的负面影响。**

（东京大学研究生学院　K同学）

# 如何培养出一个相信性善论，能够信赖他人的孩子?

## ——父母关系不好会导致孩子不相信他人

父母关系和睦，在充满爱的环境下成长起来的人，绝大多数都是相信性善论的人。而正因为相信性善论，才能够相信他人，就算被骗了也不会去欺骗别人，**这样才能享受"只有信任他人才能够得到他人信任"的良性循环的人际关系。**

"希望父母关系和睦"是在调查表中出现最频繁的声音之一。**如果父母之间不和睦，一方总是贬损另一方，那么在这种环境下长大的孩子很容易被种下不信任他人的种子。**

听说我女儿和女婿家里养的狗每当他们夫妇二人吵架的时候就会跑到阳台上去，通过门缝窥视房间里的动静，直到他们争吵结束之后才出来。连狗都不堪忍受夫妇二人的争吵，更何况孩子那幼小的心灵，怎能承受住这样的痛苦呢。

当然，夫妇二人保持克制，意见相左时提出具有建设性的解决办法，然后围绕其进行讨论，这样的行为是值得肯定的。与其夫妇之间有一个人总是隐忍，不如自由地提出意见，构筑相互间的信赖关系，我认为这样对孩子来说更有教育效果。当然，如果是因为互不信任而单纯地争吵则另当别论。

虽然家庭环境并不是唯一的原因，但确实有人很难对他人敞开心扉。因为一旦失去对他人的信任，那么警戒心就会紧紧地把自己包裹起来。

我的幼年时期处于一个不甚明朗的家庭环境之中，因此我后来花了相当长的时间才摆脱自己看人脸色的习惯。而那些在夫妻关系和睦的开明家庭之中长大的孩子的温柔性情，因为正是我所缺乏的东西，所以我一直都非常羡慕。

相反，在他们看来，我身上的缺点一定表现得非常明显，有一段时期我感到非常的自卑，几乎想找个地缝钻进去。

为了不让孩子们重蹈我的覆辙，**对于家庭和亲戚之间的问题，如果不想让孩子知道，我也是费尽心机来进行掩饰。**可是这样一来，又违背了我想让孩子们自由成长的愿望，所以有时候感觉挺对不起孩子们的。

在我家的书架上，有一本当时非常流行的，由石原裕次郎的夫人所写的描述夫妇二人深厚感情的真实故事。因为我希望至少通过读书让孩子们了解到，在这个世界上还有关系那么好的夫妻，让他们不要对婚姻产生负面的认知。

为了让孩子们能看到，我特意把这本书摆在书架上非常显眼的位置，结果我的这个精心准备后来却成了朋友们的笑柄。最终包括我在内全家谁也没有读过这本书，而这本书也不知何时消失不见了。

# 3. 不与其他的孩子比较

—— 不与他人比较，根据孩子的个性进行培养

问卷调查结果

---

**不与其他孩子比较，给予鼓励**

我有两个哥哥，所以**不管什么时候我都被拿来和他们作比较，几乎没有得到表扬的记忆**。被与其他孩子作比较，或许有的人会知耻而后勇，但也有人会因为自尊心受到巨大的伤害而自暴自弃失去自信。我就属于后者，而且有过非常难过的经历。

（东京大学研究生学院新领域创成科学研究科　K同学）

---

**与其他孩子作比较后得到的表扬令人不安**

在我的家庭里，妈妈对学习成绩不好的姐姐态度很不好。但是妈妈却对我说"什么事情跟你说一遍你就懂了，真聪明。你姐姐就笨得要死，招人烦"。这导致我从小就在头脑里产生出**"学习不好=得不到母亲的爱"**的公式。因此我非常害怕成为差生，所以非常拼命地学习。

（京都大学研究生学院　H同学）

# 绝对不要拿孩子进行比较

——与他人比较会给孩子留下心理阴影

　　小时候被家长与兄弟或者朋友作比较，然后遭到家长贬损的孩子，长大后往往会因为这件事而留下心理阴影。

　　特别是男性表现得更加明显，在我认识的40～50多岁的人中，有许多人就因为小时候被与其他兄弟作比较而遭到父母贬损，在长大成人后的几十年间都对父母心怀怨恨。

　　**对于孩子来说，被父母拿去和别人比较，会感觉父母并不爱自己，从而受到伤害**。或许也有的孩子属于知耻而后勇的类型，但对于这样的孩子一定要注意自己的措辞，以免让孩子对父母的爱产生怀疑。

　　在我家，因为丈夫对小儿子特别溺爱，所以对他和对其他兄弟的态度截然不同。如果兄弟之间发生争执，做爸爸的肯定会无条件地批评哥哥说"你是哥哥，让着点弟弟"或者"你是哥哥，忍耐一下吧"（虽然绝大多数争执的起因都是哥哥）。

　　等弟弟开始懂事之后，每当发生争执的时候，首先就会大声地哭出来让爸爸听到。于是爸爸就会不问理由地赶过来对哥哥大声训斥。从正确育儿的角度来说，**我丈夫的这种做法不管对哥哥还是对弟弟都是不正确的**。

　　因为哥哥当时的年纪也不大，所以对爸爸只是暂时的屈服，而当爸爸不在家的时候，他会把自己受到的委屈对弟弟加倍奉还。

　　有的孩子叛逆期非常严重有的则不然，有的孩子吵吵闹闹有的则非常安静，有的孩子感情波动很剧烈有的则十分沉稳，即便是兄弟姐妹，个性也是各不相同。所以在教育孩子的时候，批评的次数和强弱也应该因人而异。

　　但关键在于要让孩子们知道，兄弟姐妹之间是不存在差异的。就好像不管哪个手指受伤都会感到疼一样，父母对他们每个人的爱都是平等的。但是**如果这种态度只停留在父母的意识里，是无法传达给孩子们的**。

　　虽然不可能对所有的孩子都完全平等地交流和管教，但对于家长来说，还是需要通过平时的言谈举止来尽可能地让孩子们知道，家长对孩子们的爱是完全平等的。将孩子与其他兄弟姐妹或者朋友进行比较让孩子对自己失去自信，或者对家长失去信任，这完全是家长的失职。

　　"遭到家长的歧视"所带来的不平和自卑感，会导致孩子产生对他人的不信任和戒备心理，这会在孩子的成长过程中妨碍他同别人构筑起良好的人际关系。

# 4. 用"正确的称赞方法"来让孩子得到成长

## ——促使孩子努力的称赞方法非常重要

问卷调查结果

### 虽然在称赞中长大，但努力却遭到轻视

我的父亲总是对我说"你的头脑很聪明，你是天才，只要稍微努力就能够成为第一"。虽然这让我充满自信感觉自己很特别，但因为我"很聪明"，所以付出的努力总会遭到轻视。尽管用称赞的方法来培养孩子很重要，但如果抓不准称赞的点，造成的副作用也很大。

（庆应义熟大学综合政策学部　K同学）

### 从没被家长称赞过，所以很没有自信

我的父母沉默寡言，而且是很谦虚的人。所以他们几乎从没有称赞过我，总是告诉我要忍耐克制不要给别人添麻烦。所以我不管做什么，都有很强的自卑感，缺乏挑战精神。

（立命馆大学法学部　C同学）

# 称赞能让孩子得到成长吗？

——不分青红皂白的称赞，等于父母失职

孩子非常渴望得到父母的承认，父母的称赞能够给孩子以绝对的安心感和自信，可以说是培养孩子积极性的必要条件。但需要注意的是，称赞也不能盲目地胡乱称赞，而应该准确有效地进行称赞。

过去我们常说，"赞扬声更有利于孩子的成长"。通过这次的调查我们也发现，有一些学生因为不管多么努力考取优异的成绩也没有得到家长称赞，结果对父母产生了不满。可以说，**即使是非常优秀的大学生，如果能够得到父母准确的称赞，那么一样能够提高他的学习积极性，让他更加快乐地学习。**

对于**"称赞孩子的时候，关键在于称赞什么"**这个问题，我想为大家介绍一个非常耐人寻味的研究结果（中室牧子《"学力"经济学》Discovery 21）。

通过对诸多数据进行分析，这项研究发现，在"你的头脑很聪明"的称赞声中成长起来的孩子，与"学习什么内容"相比更重视"获得优异的成绩"。当他们取得优异成绩的时候会认为"因为自己有才能"，如果成绩不佳则容易陷入"自己没有才能"的自责之中。

另一方面，经常被家长称赞"你很努力"的孩子，**因为自身的努力得到了认可，所以就算考试的成绩不佳，也会坚持搞清楚问题所在并且努力解决问题。**这样的孩子认为成绩不佳"（不是因为自己没有能力）是因为自己努力不足"。

通过这些数据，中室氏发现在称赞孩子的时候，不应该说"你只要做就能够成功"，而应该"**称赞孩子具体的努力内容，鼓励孩子更加努力，让孩子敢于进行更加困难的挑战**"，这才是正确的称赞方法。

很多家长只顾着让孩子在赞扬声中长大，不管什么事都非常夸张地称赞孩子，但过于盲目的称赞容易使孩子产生出与自身能力不相符的自恋感。而且在我看来，那些不分青红皂白的称赞，等于父母的失职。

以前做不到的事情现在能够做到了，以前解决不了的问题现在能够解决了，虽然考的分数不理想但却比平均分高出许多，在上述情况下，称赞的时机和称赞的方法当然也是不一样的。**不盲目地对任何事情都非常夸张地称赞，而是恰到好处地用称赞来激励孩子更加努力，这才能够显示出父母的能力和水平。**

让孩子能够继续努力，敢于挑战困难的称赞方法才是最好的。

**Ⅱ 用不求回报的爱来守护孩子**

## 5. 对孩子的错误行为要坚决予以纠正

——如果父母不拿出坚决的态度，孩子就不会发生改变

问卷调查结果

> 我的父母在我的教育问题上非常热心，从我上幼儿园起就让我学习数学和英语，还经常读书给我听。但是，他们对教育方法却没什么心得，特别不擅长称赞孩子。或许是因为这个原因吧，我一直没有自信，上中学的时候特别淘气，甚至做了一些违法的事。我的父母虽然不知道应该怎么做才好，但却**非常坚决地阻止我继续错下去**。
>
> 后来我上了大学，逐渐成熟了起来，当我开始思考未来的前途时也更多地听从母亲的意见。回忆起来，在我年少无知犯错误的时候，我的父母并没有放弃我，我现在非常感谢他们，特别是母亲。
>
> （庆应义塾大学法学部 F同学）

# 把握孩子犯错的实际情况，把他从坏群体中拉出来

——如果对孩子的错误袖手旁观必将后悔一生

亲子关系会对孩子的错误行为造成不可忽视的影响。在许多情况下，父母的存在都能够成为阻止孩子犯错的强大力量。而另一方面，也有不少孩子因为对父母的怨恨，或者为了报复父母而走上了违法犯罪的道路。

当孩子犯错误的时候，**就算被全世界抛弃，父母的爱也会一直陪他到最后。**

我到目前为止，曾经与许多妈妈进行过交流，也见过不少未成年人犯罪团伙。即便在同一个犯罪团伙之内，对这些少年进行辅导时，他们的家长所表现出来的态度也相差甚远。很多家长都对孩子的教育问题束手无策，"根本不知道孩子平时在什么地方和什么样的人在一起"。

但有一位家长，在发现孩子犯了错误之后**立刻着手去掌握孩子的一切行动**。因为她认为"等事情发生再采取措施就来不及了。如果对于现在发生的这件事情置之不理，那将来一定会发展成为更加可怕的结果"。

这位家长请了一名私家侦探，调查她的孩子都在什么地方和什么人在一起做些什么。虽然聘请私家侦探调查花费不菲，但她却说"如果不把钱花在这个地方那要花在什么地方呢"。

结果她发现自己的孩子与那些狐朋狗友在一起敲诈勒索酗酒闹事。本来她在当地开了一家饭店，但是为了让孩子与那些不良少年们分道扬镳，她甚至抛

弃了自己的事业，毅然决然地搬离了那里。

虽然她说这是为了孩子的将来着想，没有别的办法，但因为她所表现出来的这种坚决的态度，让她的孩子也从此改过自新。**当发现孩子有误入歧途的征兆时，做父母的一定要对孩子表现出非常坚决的态度。**

或许有人认为，应该从源头上阻止孩子误入歧途，只有这样的教育才是值得称赞的，但事实上只有家长的爱和教育是无法让孩子得到成长的。孩子能够在一个没有任何错误诱惑的环境下成长，只能说是一种"幸运"，但现在的社会到处都充满了诱惑。

关于亲子之间的信赖关系，有人说"如果连家长都不相信自己的孩子那还有谁会相信呢"，但盲目的信任是绝对不行的。特别是在孩子处于可能犯错的初期阶段时，如果**家长对孩子的可疑行动盲目信任，反而会助长孩子的错误行为。**

当孩子表现出错误行为的征兆时，家长首先应该掌握实际情况，然后认真地与孩子交流，除此之外别无他法。最关心孩子的永远是父母。学校的老师、朋友、或者其他亲属，都不可能比父母更关心孩子。

就算孩子被周围的所有人抛弃，身为父母也必须相信自己能够让孩子重新站起来，并且要全力以赴地给予孩子支持。正如那句话所说的一样，"如果连家长都不相信自己的孩子那还有谁会相信呢"。只有家长倾其所有的爱和坚持，才能让孩子发生改变。

# 6. 用信赖包容孩子

## ——信赖不能是单方面的，关键在于相互的信赖关系

问卷调查结果

### 为了回应家长的信赖，自然就会努力

我的家长总是对我说"我们相信你，你可以随心所欲"。如果只有"你可以随心所欲"这句话，或许会让人以为是家长放任不管，但因为父母总是强调"我们相信你"，所以为了回应这种信赖，我一直都很努力。

（庆应义塾大学综合政策学部　K同学）

### 对孩子非常信赖

我的父母从不会出言干涉我的选择，对我非常信赖，一切都交给我自己决定。这是我能够自律地进行思考的最大原因。因为得到父母的信赖，所以我更加不想辜负他们的期望。

（东京大学经济学部　S同学）

**因为拥有自由，所以更加努力**

　　我从父母那里得到的是"自由"与"信赖"。**因为父母对我非常信任，所以我也想成为一个能够让他们感到骄傲的孩子。**他们从不催促我去学习，但我总是主动学习，为了成为一个不辜负他们信赖的孩子而努力。

（东京大学研究生学院　T同学）

# 让"信赖"成为孩子最重要的价值观

## ——对家长缺乏信任会让孩子相信"性恶论"

　　充分得到父母信赖的孩子，与充分得到父母爱的孩子一样，**很容易培养出自我肯定感和自信，以及回应期待的积极性。**这还会进一步培养出积极思考和信赖他人的良好品性，使孩子拥有温柔的性格，从而更容易与他人建立起良好的人际关系。

　　不过"对孩子的信赖"也有一个非常重要的注意事项。那就是在前文中也提到过的，不能将"信赖"与"盲信"混为一谈。如果孩子表现出犯错误的征兆，家长还一味地认为"如果连家长都不相信自己的孩子那还有谁会相信呢"，这根本称不上是真正的信赖。

　　所以，让孩子认识到信赖的重要意义非常关键。因为**信赖关系不是单方面**

的。只有父母相信孩子，而孩子却不相信父母，那么这就不能称之为信赖关系。身为父母，**将信赖的重要性传达给孩子，而孩子也能够做到绝不撒谎，每天亲子双方都以诚相待，这样才能培养出孩子的信赖感。**

前面我提到过要培养孩子相信"性善论"，但如果孩子与父母之间没有建立起信赖关系，那么孩子就会对他人拥有极强的不信任感。而强烈的不信任感，容易导致孩子相信"性恶论"。

当我与那些叛逆的孩子交流时，惊讶于他们竟然能够将父母对他们的爱曲解到那种程度。

虽然这看上去只是孩子们没有理解父母的一片苦心，但实际上绝非如此简单的问题。

除了一部分特别失职的父母之外，父母永远是这个世界上与孩子最亲近的人。但**如果孩子与本应是自己最坚实后盾的父母之间没有建立起信赖关系，那么孩子就会很难相信他人、与他人建立起信赖关系。**这是显而易见的事实。

另一方面，从调查的回答上来看，那些充分得到父母信赖的学生，对父母也同样非常信赖，而且这种信赖关系也成为促进他们努力的原动力。很多学生都表示**"为了不辜负父母的信赖而努力"**。信赖带来的力量就是如此强大。所以，请一定让孩子感觉到你的可信赖的爱，这样就能够培养出孩子努力的精神，对他人的信赖以及良好的人际关系。

# 7. 对孩子倾注不求回报的爱

## ——父母最重要的任务

📝 问卷调查结果

**对孩子倾注无条件的爱**

有一项心理学的研究数据表明，"**在无条件的爱下长大的孩子，与在有条件的爱下长大的孩子相比，不管是在学习还是工作上取得成功的可能性都更大**"。就算孩子做了惹得家长很不高兴的事情，也不能对其进行打骂，而是应该温柔地提醒，用爱来教育孩子，这是非常重要的。

当我在心理学的教科书上看到这部分内容时，与自己的成长环境进行了对比，发现有很多相似的地方，所以我认为这是在儿童教育方面最重要的内容。

（东京大学研究生学院 K同学）

### 希望家长让孩子知道"我们爱你"

希望家长能够用明确的方式告诉孩子"我们爱你"。可能每个人的教育方针都不一样，也没有证据表明家长的教育是影响孩子人格形成的最重要因素。但家长最重要的任务，是让孩子知道自己是被爱着的。我就对自己的存在没有自信，无法过自己想要的生活。

（早稻田大学　M同学）

### 得到父母的重视，能够培养孩子的自尊心

我不管在外面遇到多么不顺心的事，只要一想到我的家人完全理解我的存在价值，就会立刻变得坚强起来，这给了我面对困难的勇气。从我的情况来说，因为我的父母非常重视我，所以我才能够培养起自己的自尊心。

（大阪大学研究生学院工学研究科　I同学）

## 在育儿问题上"最重要的事情"

——通过语言与行动，让孩子确信自己拥有父母不求回报的爱

能够时刻从父母那里感觉到不求回报的爱，这对于孩子来说是任何事情都无法替代的。有件事在我的记忆里印象非常深刻，那是我上高中的时候，我听

到朋友的母亲笑着对我那个很喜欢搞恶作剧的朋友说，"**所以我才喜欢你喜欢的不得了啊**"。朋友好像经常听到母亲这样说一样，看起来很高兴的样子。

当时我对朋友真是羡慕得不行。"喜欢的不得了"，我的父母从来没有对我说过这样的话。尽管父母的想法就算不用说出来也能够传达到我这里，但我却发现**有些事情通过语言说出来，会让人感到更加幸福**。当然，更重要的是，**除了语言上的表达，父母还要通过每天的行动让孩子感觉到父母的爱**。

我的母亲非常沉默寡言。她出生于明治时期，深受封建习俗和儒家思想的影响。更令人难以置信的是，在我母亲的人生观念里，当着别人的面宠爱自己的孩子，是一种很丢人的事情。

而且生活在一个大家族里，我也根本没有得到母亲宠爱或者特别关照的机会。即便如此，我仍然对母亲不求回报的爱没有丝毫的怀疑。

在前文中我曾经多次强调过父母对孩子的爱和信赖要明确地传达出来，但我的母亲从来没有用语言明确地表达过对我的爱。可是，母亲对孩子们的爱与信赖，仍然很明确地传达给了我们。事实上，我在人生中遇到困难和挫折的时候，正是因为想到母亲，才有了继续走下去的动力。

我的兄弟姐妹共有7个人，所以就算有那么一两次凶狠的争吵也不足为奇。但我们兄弟姐妹为了不让母亲难过，相互之间达成了一种默契和妥协，即便有争执也会圆满解决。我们的母亲很少发火，而且就算发起火来也一点儿都不可怕，为什么我们会达成这样的默契呢？

那是因为我们知道，我们的母亲就像那个时代所有的母亲一样，将自己的一切全都奉献给了我们。她并不是热切盼望孩子们出人头地的那种人，也绝不会对孩子们进行严厉的批评与管教。我们看到的，只是一个**为人诚恳，默默为孩子们奉献的母亲**。母亲的一生，就像是将孩子抚养成人后便会在岩石上一头撞死的三刺鱼一样。

所以那些会让母亲感到难过的事情，我们绝对不会去做，而会让母亲露出喜悦表情的事情，我们兄弟姐妹却会非常努力地去完成。这并不是仅限于我们家的约定，过去几乎所有人家都是这样。现在随着经济的发展，每个家庭的生活水平都得到了大幅的提高，可是像这样的父母与孩子之间的爱却逐渐消失了，实在是非常遗憾。

不管是好像小说情节一般处于热恋之中的男女也好，还是仿佛被前世的因缘绑定在一起的夫妇也好，在长期的相处之中，如果没有一定的给予和回报，恐怕很难维持良好的关系吧（因为我并没有类似的经验，所以这部分或许说得不够准确）。但与之相对的，父母的爱，则是不求回报而且持续一生的。因此，这种爱最值得尊重。

我在本书之中，长篇大论地介绍了许多育儿的秘诀。如果说**最后让我在其中找出一个最重要的内容，那我会毫不犹豫地选择这个"不求回报的爱"**。

而且就算我在这本书中没有提到这件事，想必诸位家长在每天的日常生活中，一定也在将"不求回报的爱"源源不断地赠予孩子们吧。

就算将本书中所写的其他内容全都完成得非常好，但是却不能够让孩子们感觉到父母不求回报的爱的话，那么父母的一切努力都是白费力气。反之就算本书中所写的其他内容全都没有做到，但是能够让孩子切实地感觉到父母不求回报的爱，那么这就足够作为父母给孩子的不可替代的礼物。

最后，非常感谢诸位读者能够看完这么长的文章。同时我也向对孩子倾注不求回报的爱的所有母亲、所有父亲、致以最衷心的敬意。

## 本章要点

# 让孩子感觉到信赖与爱情
## ——培养被他人接受的自信

在最终章，我们思考了在育儿中最重要的问题，也就是"让孩子切实地感觉到家长不求回报的爱"。在充足的爱情中成长起来的人，一定会相信性善论，不但能够信赖他人，也能够爱他人，同样也能够得到他人的信赖与爱情。

能够得到他人的爱与信赖，以及在充足的爱情中成长，这正是在漫长的人生之中决定成败的关键。

要想将孩子培养成一个时刻保持感恩的心，充满爱情和信赖感的人，父母应该怎么做呢？首先，父母要拥有正面的思考而且性格开朗，然后还要为孩子营造一个充满爱情而且宽松的成长环境。

当然，因为家长的个性和家庭条件各不相同，所以有时候或许很难明确地将爱情表达出来。但从根本上来说，最重要的是让孩子相信"不管在任何时候，父母都将自己放在第一位，并且毫无保留地爱着自己"。让孩子在爱情和信赖感之中成长。

最后让我们再回顾一下本章中学到的内容。

### 在宽松的环境下自由成长

❶ 正面思考，开明宽松的培养方法

你是否给孩子创造了一个开明宽松的成长环境？请用不求回报的爱来培养孩子"能够被任何人接受"的自信。

❷  父母之间绝对不能"互相贬损"

你是否当着孩子的面与自己的另一半争吵过？夫妻之间有建设性的讨论与争吵是完全不同的。父母之间不和睦给孩子造成的心理压力之大，完全超出我们的想象。

❸  不与其他的孩子比较

你是否拿你的孩子与其他兄弟姐妹或者小伙伴进行过比较？不管比较的结果是称赞也好还是贬损也罢，只要是与他人进行比较，都会给孩子的精神造成创伤。甚至有的孩子直到长大成人之后，心里仍然对小时候被与别人进行比较这件事留有创伤，无法释怀。

❹  用"正确的称赞方法"来让孩子得到成长

你是否盲目地称赞孩子？正确的称赞方法是称赞孩子的努力而非才能，这样更能够促进孩子的成长。不要只看结果，而应该称赞孩子"努力的过程"。

**用不求回报的爱来守护孩子**

❺  对孩子的错误行为要坚决予以纠正

你是否准备好纠正孩子的错误行为？就算孩子被所有人抛弃，家长也应该对他支持到最后。学校的老师、朋友、或者其他亲属，都不可能比父母更关心孩子。

❻  用信赖包容孩子

你是否与孩子建立起相互的信赖关系？在调查中，有许多孩子的回答都是"因为得到信赖所以努力"。请与你的孩子以诚相待，构筑起相互的信赖关系。

❼  对孩子倾注不求回报的爱

你是否让你的孩子感觉到充分的、不求回报的爱？能够感觉到父母对自己的爱，对孩子的幸福来说至关重要。要通过语言和行动将你的爱传达给孩子。

# 写在本书的最后——金武贵

## 孝行的建议

"就这么多，别让我再写了。如果你还让我写，我就报警说你虐待老人！"

在创作这本书的漫长过程中，我的母亲南瓜夫人时而愤怒、时而恳求地对我这样说道。

"想不到妈妈竟然这么没用，真为你感到羞耻！写的都是一些人人皆知的东西，这样的内容要是出版了可是会给出版社抹黑的啊！"

因为我的母亲很不情愿动笔，所以这本书可以说是在我的软硬兼施下才得以完成的，在本书即将完成的最后阶段，我的严厉催促甚至给南瓜夫人造成了心理阴影。每当打开我发来的邮件或者接到我打来的电话之前她都会浑身颤抖。

所以我给她打电话，说不上几句就被她挂断了，发的邮件也迟迟不见回复。即便如此，南瓜夫人仍然非常努力，一边忍受着我严厉的批评，一边鞭策着自己，最终完成了现在诸位看到的这本书。

我在阅读这本书的草稿时，回忆起自己幼年的成长经历，有许多次都沉浸在令人怀念的温馨之中。

最近，我在找东西的时候翻出了母亲20多年前的照片，那时候的母亲看上去还很年轻，但现在母亲已经年近70，这对我来说实在是一个不愿接受的事实。

因为南瓜夫人本人声称要报警说我虐待老人，为防万一，我要在此强调一下我对母亲的爱。南瓜夫人的性格与我完全不同，甚至让人无法相信我们是母子关系。她是我所认识的人中，最谦虚谨慎，而且情深义重的人。正如所有的父母之于孩子一样，她对于我来说也是绝对无法替代的存在。

我还记得自己4岁的时候，被母亲抱在怀里哄我睡觉，我不知为何想到"总有一天母亲会离开这个世界"，因为对将来的离别感到恐惧而大哭不止。但在随后接近40年的亲子关系之中，我却完全称不上是一个合格的孝子。小时候的我非常淘气，是一个让人非常担心未来的熊孩子，即便如此，仍然为我的人生开辟出一条光明道路的人，毫无疑问正是我的母亲。

虽然这本书的标题叫作"一流的培养方法"，但正如大家所知道的一样，这并不是说南瓜夫人的育儿方法是一流的，或者南瓜夫人高高在上地宣传自己的育儿经验。

本书与一般的育儿书不同，并不是以南瓜夫人自己的育儿成功经验为基础进行创作。甚至可以说这本书里重点介绍的都是她在育儿过程中没有做到的地方，感觉就好像是"反省文集"一样。

回忆起来，我家在育儿问题上确实存在着许多值得商榷的地方。我的家长整天总是让我们好好学习、好好学习。正如我在本书开头的部分说过的一样，在全家去烤肉店吃饭的时候，我们甚至都没有自己点菜的自由。我们被强迫学习很多东西，表面上看起来很听话，但实际上心里却是很不情愿的。

不过只有一点，我们相信在这一点上我们家绝对不输给任何家庭，那就是父母对我们倾注的不求回报的爱。虽然这本不应该是被拿来与别人进行比较的东西，但我们对自己成长在父母不求回报的爱情之中这件事从没有过一丝的怀疑。相信阅读本书的诸位读者，一定对自己的父母也有和我相同的感受吧。

　　虽然我们对父母的爱情充满敬畏，但事实上我们所了解的父母给我们的爱，与父母实际倾注给我们的爱相比，只是冰山一角而已。

　　在本书的开头，我说这是一本从家长与孩子双方视角出发的育儿书，同时也是关于如何培养领导能力的书。但在最后我想要告诉大家的是，隐藏在本书之中最大的主题，就是让大家认识到父母给我们的爱是多么伟大，我们应该对父母充满感恩之心，这才是孝行最重要的内容。

　　我们在这本书中的旅程，终于也要走到尽头。最后，就让我们用南瓜夫人的后记来为本书做以总结吧。

# 后　记

### 父母对子女的爱，绝对不能有半点儿马虎

非常感谢诸位能够如此有耐心地将这么厚的书看到这里。在本书刊载的调查表中，有许多孩子都对父母表达出了感谢之情。因为接触到了许多不同家庭的教育方针，这对我来说也是一个很好的学习过程。

本书用了大量的篇幅思考育儿问题。我不由得怀疑，自己是否能够在最后的短短数行之内对几乎250页的内容进行总结。

在最后我想要说的是，如果你的孩子脸上带有天真的笑容，喜欢读书，知道自己喜欢什么和擅长什么，有感恩的习惯，懂得倾听，能够专心致志于自己喜欢的事情，那么你的育儿方法就没有什么问题。

作为家长，应该帮助孩子开阔视野，让他们能够自由地进行选择，鼓励孩子进行挑战，并且做孩子坚实的后盾。给孩子创造一个良好的环境，不强迫孩子学习而是赋予孩子学习的动机，更重要的是身为家长应该以身作则，用你的一言一行来影响孩子。必须让孩子拥有自制力，还要教育孩子待人接物的方法，在必要的时候作为家长需要对孩子进行说服教育。当然永远不能忘记的是，要用明朗的笑容和不求回报的爱来包容你的孩子，这是家长最重要的工作。

关于我家的长男在前文中提到的孝行，在这里我想稍微说几句。暂且不论他是否尽到了孝道，但他确实是一个比别人都更加重视孝行的孩子。不过，他

所理解的孝行，与我所理解的孝行，却存在着极大的差异。

对于父母来说，孩子能够顺利地长大成人，工作与生活都很充实，过着幸福的人生，这就是最大的孝行。大概全世界的父母都是这样想的。明明不想去却被强行带去海外旅行；好不容易用惯了一年前买的电脑，结果却被孩子说过时了擅自给换了个新的，尽管这些看似孝顺的行为反而给父母增添了许多不必要的麻烦，但孩子们却仍然我行我素，完全发觉不到其中的问题。

因此，我想对世界上所有做儿女的人大声地说一句话。孝行其实很简单，那就是永远也不要忘记一直在为你们的幸福祈祷着的父母，然后只要将你们没有忘记父母的心意偶尔地表现在行动上就足够了。至于那些世俗认为的孝行，只不过是附属品罢了。而附属品的有无则是完全无所谓的。

本书之中介绍的都是堪称精英的学生们的声音。但不管培养出来的孩子是精英也好还是普通人也罢，父母在孩子身上倾注的爱都是一样的。可是，在这个世界上却有太多"儿女不知父母心"的问题，这真是让我感到痛心不已。

如果通过本书，能够让诸位读者意识到从自己还不记事的时候起，就一直得到父母倾注的不求回报的爱，那将是我最大的荣幸。

另外，我还想对那些无视孩子的梦想，对孩子报以超出其能力的期待的家长，以及对孩子放任自流的家长大声地说一句话。有句话叫作"子欲养而亲不在"，同样，孩子也会很快就长大成人离开父母，所以请珍惜养育孩子的幸福时光。趁孩子还在自己身边的时候对之倾注大量的爱，构筑起一个良好的家庭关系，这是非常重要的事情。

对我来说，育儿虽然辛苦，但也非常快乐，是一件很有价值的事。在我的人生中，曾经有一段时期对孩子们来说我是最不可或缺的存在，这也是我人生中最有意义的时期，每一天都过得非常充实。

曾经不止一次地有朋友对我说"你有4个孩子，不用对每个孩子都那么拼命吧"，但正因为我每天都很认真地养育孩子，所以我所有的孩子都很优秀。

有人说父母亲的"亲"这个汉字，是"站在树上看"（保持一定距离更好）的意思，但我绝不这样认为。父母对子女的爱情，绝对不能有半点儿马虎。能够为了孩子做到任何事这才是父母，要想成为对孩子来说永远最可靠的人，父母必须要严于律己，开阔视野，努力地掌握知识和信息提高自己，我认为这些都是父母对孩子爱的表现。

可以说"孩子在3岁之前，做到了所有的孝行"。请回忆一下当你看到孩子睡着时可爱的表情，以及开心时天真无邪的笑容时，是不是感到无上的幸福。

参加孩子幼儿园的入园式和小学的入学式时，想必每一位家长都控制不住心中的骄傲与欣喜吧。孩子紧紧地握着父母的手，从那份力量中你能够感觉到站在通往社会的入口处的孩子，内心之中充满了不安，这又让你对孩子充满怜爱。

对我来说，只是回忆起这些，就足以让我反省自己在对孩子的教育过程中，是否做到了应该做的一切。

所以我想对读者朋友们说，在你今后的育儿过程中，请一定不要忘记孩子曾经带给过你的那无可替代的幸福感，所以请一定要用不求回报的爱来和一丝不苟的心来养育你的孩子。因为光阴似箭，时间很快就会过去，而育儿是绝对无法重新来过的。

在本书执笔的过程中，我曾经多次向优秀的朋友们请教他们曾经接受过的家庭教育以及他们认为正确的育儿方法。我想借此机会向对我提供了帮助的朋友们致以由衷的感谢。另外，还要对总是能够给我提出准确意见的责编三浦岳先生，致以最诚挚的谢意。最后，请允许我向以近乎虐待老人的方式一直鼓励我不要放弃的儿子金武贵致谢。

2016年2月

南瓜夫人